U0087682

哲學與文化

與

吳經熊◎著

三民書局

國家圖書館出版品預行編目資料

哲學與文化／吳經熊著.－－二版一刷.－－臺北
市：三民，2006
　　面；　　公分
ISBN 957-14-4432-4　（平裝）

1.哲學－中國－論文,講詞等

2.文化－比較研究－論文,講詞等

3.孫文主義－論文,講詞等
120.7　　　　　　　　　　　　　　　95002516

網路書店位址　http://www.sanmin.com.tw

© 哲學與文化

著作人　　吳經熊
發行人　　劉振強
著作財
產權人　　三民書局股份有限公司
　　　　　臺北市復興北路386號
發行所　　三民書局股份有限公司
　　　　　地址／臺北市復興北路386號
　　　　　電話／(02)25006600
　　　　　郵撥／0009998-5
印刷所　　三民書局股份有限公司
門市部　　復北店／臺北市復興北路386號
　　　　　重南店／臺北市重慶南路一段61號
初版一刷　1971年4月
初版四刷　1985年11月
二版一刷　2006年3月
編　號　　S 100080
基本定價　參元陸角
行政院新聞局登記證局版臺業字第○二○○號

ISBN　957-14-4432-4　（平裝）

再版說明

　　二十世紀享譽國際的法學家——吳經熊先生（1899-1986），以 23 歲青年之姿，獲得美國密西根大學法學博士後，便開啟了豐富多彩的法學生涯。在法國、德國和美國深造期間，與霍姆斯大法官、施塔姆勒、歐根和龐德等著名法學家書信往返，激盪出一篇篇創造性與深度兼具的文章，引起歐美法學界的熱烈回應。

　　25 歲回國後，擔任東吳大學教授、上海公共租界工部局法律顧問，28 歲受命為上海特區法院法官，其後擔任東吳大學法學院院長、南京政府立法委員、司法行政部部長，於 30 歲，被任命為上海特區法院院長。同年，在美國哈佛大學與西北大學的禮聘下，成為我國任教於哈佛大學的首位教授，西北大學羅森泰講座的第三位講座教授。1933 年，34 歲的吳經熊先生參與「中華民國憲法」起草工作，將其思想精華融入憲政體制，落實法理於現代社會，以建設正義民主之理想國度。

　　38 歲皈依天主教後，在編寫法律論文和專書之餘，吳經熊先生以溫暖感性的宗教情懷表達他對世界的關心，陸續出版了《聖詠譯義》、英譯《道德經》、《內心悅樂之泉源》、《唐詩四季》等書，

本書《哲學與文化》亦是這時期的作品。

　　本書收錄 10 篇介紹中國哲學、中西文化差異以及國父思想的文章與演講稿，在引經據典的論說中，仍見溫柔筆觸，在演講中，猶聞吳經熊先生鼓勵後學的熱切心跳，體貼之情，溢乎文脈！

　　　　　　　　　　三民書局編輯部　謹誌

哲學與文化

目次

儒家的悅樂精神

一、孔子與顏子

儒家的人生哲學，不外乎做人的道理。可是這個哲學最顯著的特色就在它是注重腳踏實地，逐步漸進的。比如孔子說：「知之者不如好之者，好之者不如樂之者。」（〈雍也〉）這個「之」字，就是代表做人的道理。第一步我們必須知道這個道理，至少這個道理的主要原則。第二步是要我們對於這個道理發生興趣，漸漸地進入欲罷不能的地步。第三步才達到與道契合，「從心所欲不踰矩」的境界。第一步是「知之」的功夫，第二步是「好之」的功夫，第三步才到「樂之」的最高峰。

孔子有次說：「苗而不秀者有矣夫！秀而不實者有矣夫！」（〈子罕〉）在孔子的構想中，一個人格的完成，必須由發苗而吐華，由吐華而結實。這也同「知之」、「好之」、「樂之」的三部曲，一氣貫通的。

《論語》這部書之所以令人百讀不厭的緣故，就在它洋溢著

悅樂精神。《論語》開頭就說：「學而時習之，不亦說（悅）乎！有朋自遠方來，不亦樂乎！人不知而不慍，不亦君子乎！」這寥寥數語，已經把孔子的人生觀和盤托出了。孔子不是生而知之者，可是他的好學卻是天生的。我以為好學是世間最可寶貴的天才。孔子對於這一點，也曾坦白的承認說：「十室之邑，必有忠信如丘者焉，不如丘之好學也。」（〈公冶長〉）他也曾很有風趣地描寫自己說：「其為人也，發憤忘食，樂以忘憂，不知老之將至。」（〈述而〉）做學問達到這個地步，才是別有一番滋味。

孔子對於任何學問，只要是值得研究的東西，都是用全副精神去學，直到醉心忘食，樂以忘憂的地步。譬如音樂吧：「子在齊聞韶，三月不知肉味。曰：『不圖為樂之至於斯也。』」（〈述而〉）還有對於《詩》，對於《禮》，對於《易經》與《尚書》，孔子也都有蓬蓬勃勃的興趣，和敏銳深刻的欣賞。

孔子的內心生活，非常豐富，而且有活潑潑的氣象。所以雖然他的一生，處逆境的時候佔了十之八九，總不見寂寞無聊，牢騷滿腹的情緒。莊子曾說：「古之得道者，窮亦樂，通亦樂，所樂非窮通也。道德於此，則窮通為寒暑風雨之序矣。」（《莊子·讓王第二十八》）這段話實在可以為孔子寫照。孔子所貴的是「志於道，據於德，依於仁，游於藝。」（〈述而〉）正唯他著重內心生活，所以他的快樂，能不受環境的影響；即在陳蔡之厄，據說還是從從容容地絃歌自若。孔子自己也曾說：「飯疏食，飲水，曲肱而枕之，樂亦在其中矣。不義而富且貴，於我如浮雲。」（〈述而〉）這豈不是內重而外輕嗎？孔子稱讚顏回說：「賢哉回也！一簞食，一瓢飲，在陋巷，人不堪其憂，回也不改其樂。賢哉回也！」（〈雍也〉）在

孔子的學生當中，只有顏回，稱為「好學」；我們由此可以推斷顏回也已達到「發憤忘食，樂以忘憂」的境界了。

　　以上所說，都是為了「學而時習之，不亦悅乎」這句話下一個註腳。我們現在可以進而研討第二句話：「有朋自遠方來，不亦樂乎！」

　　我們要知道，孔子不是一個性情孤僻的人。他是愛群的，富於友愛精神的。他說過的：「鳥獸不可與同群；吾非斯人之徒與而誰與？」（〈微子〉）人群之中，他尤其喜歡與志同道合的人們在一起。在他學生當中，雖然只有一個顏回與他心心相印，可算是他的知音，可是也有不少對於做人的大學問具有真切的興趣的。他對於他的學生，是十分謙和，十分民主，把他們皆作朋友看待的。他同他們討論學術的時候，是採取一種切磋琢磨的方式的。所以他實在是一個理想的教育家。他在教導人家的程序中，自己也往往能得新的知識，新的見地。他不是說過的嗎：「三人行必有吾師焉，擇其善者而從之，其不善者而改之。」（〈述而〉）所以他愛朋友，一半是為樂群，一半也是為學問上的進益。不過，為什麼要說：「有朋自遠方來」呢？難道自近方來的朋友就不能使他快樂嗎？難道只有遠來的和尚會念佛嗎？關於這一點，朱子的註解說，有朋自遠方來，尚且可樂，若有朋自近方來，更不必說了。伊川先生則說：「以善及人，而信從者眾，故可樂。」依筆者看來，這兩個說法，都多少有點道理。但是主要的理由，恐怕還是另有所在。第一點，我們要知道，孔子是富於人情味的。從遠方來的朋友，一定是好久沒有見了，所以看見了就特別高興。這也是人情之常，與「他鄉遇故知」差不多一樣的可喜。第二點，遠方來的朋友，

對於遠方的風俗人情一定是很熟悉的；他們的報導也一定可以增益我們的知識。孔子曾說：「益者三友，……友直，友諒，友多聞，益矣。」（〈季氏〉）遠方來的朋友，至少是多聞的。這大概也是孔子特別歡迎他們的一個理由。陳立夫先生，在他的《四書道貫》裏，對於這句話的按語是：「朋友來自遠方，常可帶來不少新知，可以增益智識，或輔助德行，是為人生一大樂事。」這實在是深獲我心了。

一個人如果能好學不厭，復有朋友切磋琢磨，他的內心生活，應該是很快樂的了。但如果沒有「人不知而不慍」的功夫，那悅樂精神就不會很穩固的。可是，「人不知而不慍」這句話，是談何容易啊！一個人的學問越高深，懷抱越偉大，一般人對他越難了解，甚至越會發生誤會。除非有悠久深厚的涵養，內心的苦悶，是不能避免的。即如孔子也偶有「莫我知也夫」的感歎。但是當子貢問他「何為其莫知子也」的時候，他回答說：「不怨天，不尤人，下學而上達，知我者其天乎。」可見，孔子雖然不被世人所知，他卻沒有陷於苦悶的心境。這是什麼緣故呢？筆者認為這是因為孔子具有極濃厚的天道意識。即使世人不知道他，他在心靈深處仍然是有安慰的，因為他相信天是無所不知的，所以也洞悉他的心思。「內省不疚，夫何憂何懼？」（〈顏淵〉）這就是孔子內心悅樂的最後保障。

二、孟子與王陽明先生

孟子對於悅樂哲學最大的貢獻，就在他的人性本善之說。因

為人性是天生善的，所以人的可貴在內而不在外。人性是天所賦予的，裏面就有仁義理智的根苗。我們只要將這個根苗好好的培植，使它發達到極點，我們的人格就完成了，這樣我們就有了至可寶貴的天爵。他說：「有天爵者，有人爵者。仁義忠信，樂善不倦，此天爵也。公卿大夫，此人爵也。」（《孟子·告子上》）只有天爵是可貴的，因為它是永久的，不是人家所能奪去的。至於人爵，那是無足輕重的，因為「人之所貴者，非良貴也。趙孟之所貴，趙孟能賤之。」（〈告子上〉）總之，天爵包括天下一切值得追求的東西，而人性卻包含天爵的根苗。所以他說：「萬物皆備於我矣；反身而誠，樂莫大焉！」（〈盡心上〉）「反身而誠」大概是說，如果在反身自問的時候，發覺我們真的是仁義忠信，而且樂善不倦，那我們內心便充滿了悅樂。《中庸》裏所說「率性之謂道」，就是將性內所具的善根充量發達了，那就稱為「道」。性是道的起點，而道是性的終點。性與道是一而二，二而一的。對有道者來說，道就是他的性。所以孟子說：「君子所性，雖大行不加焉，雖窮居不損焉，分定故也。君子所性，仁義禮智根於心，其生色也，睟然見於面，盎於背，施於四體，四體不言而喻。」（〈盡心上〉）這就是「率性」的工夫成熟時，性內的善根——即王陽明先生所謂「天植靈根」——已經成為一棵大樹，這棵樹的根是在心靈之中，可是它的枝葉花果卻充佈了整個兒的形體。這樣才能「從心所欲，不踰矩。」因為存心養性的功夫一經純熟，內心與形體也打成一片了，這也就是奉事上天的唯一方法。

　　不但如此，內心與形體打成了一片之後，我們便會有浩然之氣。原來，人是一個小宇宙，這個小宇宙是與大宇宙息息相關的。

人性固然是天所賦予的，而宇宙也是天所創造的。兩者既是從同一個源頭發出來的，所以它們之間，非但沒有阻隔，而且是一氣貫通的。因此，孟子形容浩然之氣說：「其為氣也，至大至剛，以直養而無害，則塞於天地之間。其為氣也，配義與道，無是餒也。是集義所生者，非義襲而取之也。行有不慊於心則餒矣。」浩然之氣，是發源於天人合一的境界（我們如能充量地發展我們所稟的天性，那就是天人合一）。而浩然之氣的效果，則使我們與大宇宙也合而為一。這樣，我們才會有物與民胞的胸襟，「以天下為一家，以中國為一人」，自然而然的達到己立立人，己達達人的目標。這才是人生之至樂。

明儒王陽明先生是最得力於孟子的。大家都知道，他的良知良能是淵源於孟子性善之說的。可是陽明先生對於「樂」的觀念，似乎比孟子還要進一步。照他的看法，「樂是心之本體。雖不同於七情之樂，而亦不外於七情之樂；雖聖賢別有真樂，而亦常人之所同有。但常人有之而不自知，反求許多憂苦，自加迷棄；雖在憂苦迷棄之中，而此樂又未嘗不存；但一念開明，反身而誠，則即此而在矣。」（《傳習錄》卷中）後來有一個學生向他說：「樂是心之本體，不知遇大故於哀哭時，此樂還在否？」他的回答是最有意思的了。他說：「須是大哭一番了方樂；不哭，便不樂矣。雖哭，此心安處，都是樂也；本體未嘗有動。」（同上）這樣看來，陽明先生的「心學」，簡直可以稱為「樂學」。他的學生王心齋先生曾作一首〈樂學歌〉，多少可以代表孟子與陽明先生的心得：

人心本自樂，自將私欲縛。私欲一萌時，良知還自覺。

一覺便消除，人心依舊樂。樂是樂此學，學是學此樂。

不樂不是學，不學不是樂。樂便然後學，學便然後樂。

樂是學，學是樂。嗚呼！天下之樂，何如此學。

天下之學，何如此樂。（《明儒學案》卷三十二）

三、程明道先生

以筆者的看法，在宋明諸儒之中，最能體會孔子與顏子的樂處，要算程明道先生了。他曾有詩句說：「時人不識余心樂，將謂偷閑學少年。」試問他的樂處究竟在那裏呢？這個問題可以用他的一首七律來答覆：

閑來無時不從容，睡覺東窗日已紅。

萬物靜觀皆自得，四時佳興與人同。

道通天地有形外，思入風雲變態中。

富貴不淫貧賤樂，男兒到此是豪雄。（〈偶成〉）

觀此可見明道先生的胸襟了。在他的人生觀中，靜與動，形上與形下，一與多，是渾成一體。這首詩字裏行間自然的洋溢著一股祥和之氣。這樣的氣象，實在是中華文化的特徵。

明道先生曾說：「形而上者存於洒掃應對之間，理無大小故也。」（見《濂洛關閩書》卷三）這豈不是將形而下與形而上熔為一爐嗎？他之所以能見得這麼真切，是因為他有極高超，極遠大的眼界。比如他說：「太山為高矣，然太山頂上，已不屬太山。雖

堯舜事業，亦只是太虛中一點浮雲過目。」（《宋元學案》卷十三）
他又說：「君子當終日對越在天。」（同上）如能對越在天，則灑掃
應對，莫非是道。若不能對越在天，即堯舜事業，也是暫時的。
明道先生的理想是：行於六合之內，而道通六合之外。這也就是
孔子「下學而上達」的心傳。他說：「坐井觀天，非天小，只被自
家入井中，被井筒拘束了。然井何罪，亦何可廢，但出井中，便
見天大。已見天如此大，不為井拘，卻入井中也不害。」一個人如
果從未出井，一觀宇宙之無窮，與人類文化之無奇不有，結果必
致故步自封，自以為是，把相對的道理當作絕對；這樣的人只可
稱為鄉愿。相反的，如果既出了井，便不肯復入井中，以盡每個
人日常所應盡的本分，結果必致放浪不羈，與人群格格不相入，
為求個人的自由，反作自由之奴隸。最理想的是向大處遠處著眼，
而從小處近處做起。這樣才能無處不盡責，而同時也無處不超脫。
這樣才能把形而上與形而下打成一片，也就是能致良知。「道通天
地有形外」，固然是致良知；「思入風雲變態中」，也何嘗不是致良
知呢？能致良知，便是人生之至樂。　總統蔣公曾說：「致良知如
何可樂呢？因為致良知的第一義，即是求其心之所安，心既安了，
不愧不怍，無憂無懼，如何不樂？」（見秦孝儀先生編《蔣總統嘉
言錄》第一輯一九〇頁）

　　大家都知道，明道先生是一位大儒。但是在他的時代，儒家
的大道理已被科舉制度束縛得太狹仄了，太形式化了。一般小儒
只在文字上做工夫，人云亦云，連一點點的創造力都沒有了。於
是明道先生「汎濫於諸家，出入於老釋者幾十年」，最後才始「反
求諸六經而後得之。」（《近思錄》卷十四）雖然真正的道理在六經

之中，可是老釋的思想，卻開了他的眼目，而且給他不少新鮮的
啟發與觀點；這是不可否認，也不用否認的事實。我們至少可以
說：莊子與禪宗的思想，對於明道先生和其他的新儒（朱子在內），
是一個極大的興奮劑。本來對學問來說，孔子原是主張「他山之
石，可以攻玉」的。門戶之見是最要不得的。正惟儒家能吸收他
家的優點，適足證明儒家的偉大。比方，明道先生對於莊子就有
十分公允的評論說：「莊子無禮無本，然形容道理之言，則亦有善
者。」（《濂洛關閩書》卷九）朱子對於禪學也有深刻的評論說：「佛
氏之學與吾儒有甚相似處，如云：『有物先天地，無形本寂寥，能
為萬物主，不逐四時凋』；又曰：『撲落非他物，縱橫不是塵，山
河及大地，全露法王身』；又曰：『若人識得心，大地無寸土。』看
他是什麼樣見識！今區區小儒，怎生出得他手，宜其為他揮下也。
此是法眼禪正師下一派宗旨如此。」（《朱子語類》第一百廿六卷）
明道先生當然也曾研究禪學，就像高景逸先生說：「先儒惟明道先
生看得禪書透，識得禪弊真。」（《宋元學案》卷十四）

　　我們在這個大時代，如要復興中華文化，對於西學的優點當
然也要儘量吸收，以充實我們自己的文化。我們對西學的態度，
也要像宋明的大儒對於老釋的態度一樣，一方面要有「慕西學之
心，窮天地之想」（《國父手書・自傳》），而一方面對於固有文化
與道德，也要有擇善固執的毅力（見《國父的民族主義》第六講）。
正如宋儒從道家與禪學之中，吸收了不少的真知灼見，結果光大
了儒家的門楣，復興了儒家的人生哲學，同樣，我們在今日之世，
也要從西學中吸收新的方法和新的見識，把中華文化發揚光大，
為全人類創造一個偉大的綜合，這就是我們快樂之所在。

莊子的智慧

一個新估價❶

一、他的一生❷

我們對於莊子的一生知道的很少。雖然經過許多學者的探討，我們還不知道他究竟出生在那一年。我們只能說，他是孟子（公元前三七一──二八九年）同一時代的人，但比孟子年輕。

他們兩人始終沒有見過面，談過話，事實上他們的著作也並沒有互相提及。這也並不足怪，我們應當記住《孟子》和《莊子》這兩部書在作者生前並不存在，而是他們的徒弟所編撰成的；他們兩人彼此雖然都知道對方的尊姓大名，但是都不敢憑道聽塗說而彼此批評。根據可靠資料，莊周是宋國的蒙人（今日的河南省），

❶ 本文曾參考嚴靈峰先生的《老莊研究》（一九五九年香港出版）以及 Simon Ting 的 *The Mysticism of Chuang Tzu: Its Moral and Religious Significance* 手稿。

❷ 這一部份大多以《莊子》一書，以及司馬遷的《史記》為根據。司馬遷對道家的認識很膚淺，他的父親司馬談則有比較深入的認識。

大約在公元前三七〇──三六〇年之間出生。他死時的年齡大約是在八十歲出頭。

年輕時他曾經一度在某一政府機構做小職員，以後他就完全隱居，以製鞋為生❸。暇時他喜歡釣魚，也可以說這是他的副業。他曾經結婚，妻子死後他活了不少年。《莊子》一書替我們敘述了他妻子死後的一段事：

> 莊子妻死，惠子弔之。莊子則方箕踞鼓盆而歌。惠子曰：「與人居長子，老身死不哭亦足矣，又鼓盆而歌不亦甚乎?」莊子曰：「不然。是其始死也，我獨何能無概然? 察其始而本無生。非徒無生也，而本無形；非徒無形也，而本無氣，雜乎芒芴之間。變而有氣，氣變而有形，形變而有生，今又變而之死；是相與為春秋冬夏四時行也。人且偃然寢於巨室，而嗷嗷然隨而哭之，自以為不通乎命，故止也。」❹

這一段所提到的惠子就是那一時代著名的詭辯家惠施。惠子學問淵博，辯才又非常鋒利。同時他似乎很有實際工作能力，因為他曾經一度任梁國的宰相。他很有分析頭腦，但是沒有深刻的信念。雖然他天資很高，但是不能算是一個真的天才：他恰是莊子的反面。但是這兩個人彼此都感到不可抗拒的吸引力。每次他們相遇

---

❸ 本文所引均根據王先謙著的《莊子集解》(臺北市文光圖書公司印行)。此書分上下二部份。因此本文引原文時一律寫出篇名和頁數。這裏我們引用〈列禦寇〉第三十二下九四頁。

❹ 〈至樂〉第十八下二頁。

時，都要辯論一番，而莊子始終是勝利者。這也並不足怪，因為把這些談話記錄下來的，都是莊子的徒生。

下面這一段所載他們的一次談話：

> 莊子與惠子，遊於濠梁之上，莊子曰：「儵魚出遊從容，是魚之樂也。」惠子曰：「子非魚，安知魚之樂？」莊子曰：「子非我，安知我不知魚之樂？」惠子曰：「我非子，固不知子矣；子固非魚矣，子之不知魚之樂全矣。」莊子曰：「請循其本，汝安知魚樂云者。既已知吾知之而問我，我知之濠上也。」 ❺

這一席話充分表示出，莊子更注意直觀，不肯讓步於惠子的詭辯伎倆。雖然莊子是一個更大的哲學家，但是也不容否認，惠子的辯論使莊子的天才得以充分發展。我們不能確切知道惠子對於莊子是怎樣的看法；莊子對於惠子至少是有一份真正的感情的。事實上，惠子死了以後，莊子深切感覺到遺憾，正如同下棋名手失去了對手一樣。有一天莊子經過惠子的墳墓，就向周圍的同伴說：

> 郢人堊慢其鼻端，若蠅翼，使匠石斵之。匠石運斤成風，聽而斵之，盡堊而鼻不傷，郢人立不失容。宋元君聞之，召匠石曰：「嘗試為寡人為之。」匠石曰：「臣則嘗能斵之。雖然，臣之質死久矣。」自夫子之死也，吾無以為質矣，吾無與言之矣。 ❻

---

❺　〈秋水〉第十七上九八頁。

莊子雖然是一個隱士，但是無論什麼人都不能是一個孤立的海島，即使是隱士也需要人與人之間的相伴與友誼，這樣才能夠得到刺激而發展特長。他之所以隱居，是因為他不喜歡為當時的政界工作。有一次楚威王派兩個使者到莊子家裏來，請他去當宰相。那時莊子正在安閒地釣魚。二人說明來意後，莊子手執釣桿，連頭也不回一回，和兩位使者做了下面這一段談話：

> 吾聞楚有神龜，死已三千歲矣，王巾笥而藏之廟堂之上。此龜者，寧其死為留骨而貴乎？寧其生而曳尾於塗中乎？」二大夫曰：「寧生而曳尾塗中。」莊子曰：「往矣，吾將曳尾於塗中。」❼

莊子生活在戰國時代，當時技術與戰略已有很大的進步。聰明的政治家都設法勝過別人：為了生存和爭取霸權，國與國之間展開了一場死戰。對於那些執政者，一切知識都對戰爭有用。當時有像孟子一類的道德哲學家，從一國走到另一國，希望能夠說服當時的統治者，使他們不要太看重物質的利益，而稍注意到仁義。那些王侯，並不為這些哲學家們的言論所動，認為不切實際而置之一笑。

對於莊子，當時的局勢正如同一齣可怕的悲劇。他見到比較大的國家貪得無厭，併吞弱小國家，結果他們自己又被更強的國

---

❻　〈徐无鬼〉第二十四下四六頁。

❼　〈秋水〉第十七上九八頁。

家併吞。這樣，有用之才反而變為無用，而且毀滅了自己。另一
方面他又見到無用之物的最高用處。他把這些真理在一次和惠子
談話中充分表達出來。

> 惠子曰：「吾有大樹，人謂之樗。其大本擁腫，而不中繩墨；
> 其小枝卷曲，而不中規矩。立之塗，匠者不顧。今子之言，
> 大而無用，眾所同去也。」莊子曰：「子獨不見狸狌乎，卑
> 身而伏，以候敖者，不辟高下，中於機辟，死於網罟。今
> 夫斄牛，其大若垂天之雲，此能為大矣，而不能執鼠。今
> 子有大樹患其無用，何不樹之於無何有之鄉，廣莫之野，
> 彷徨乎無為其側，逍遙乎寢臥其下，不夭斤斧。物無害者
> 無所可用，安所困苦哉。」❽

在一個為了一些毫無意義的事而紛擾不安的時代，莊子的「無用」
和「無為」應當是一個福音，正如同酷熱的夏日下的涼風和清水
一般。而莊子是以怎樣的幽默來傳佈他的福音呀！

莊子常說：「人皆知有用之用，而莫知無用之用也。」❾可是
「無用」有時也不無妨礙，甚至會使人窮困到沒有飯吃。下面這
一段描寫出莊子的困境：

> 莊周家貧，故往貸粟於監河侯。監河侯曰：「諾。我將得邑
> 金，將貸子三百金，可乎?」莊周忿然作色曰：「周昨來，

---

❽　〈逍遙遊〉第一上五至六頁。

❾　〈人間世〉第四上二九頁。

有中道而呼者，周顧視車轍中，有鮒魚焉。周問之曰：『鮒
魚來，子何為者邪？』對曰：『我東海之波臣也，君豈有斗
升之水，而活我哉？』周曰：『諾。我且南遊吳越之王，激
西江之水而迎子，可乎？』鮒魚忿然作色曰：『吾失我常，
與我無所處，吾得斗升之水然活耳，君乃言此，曾不如早
索我於枯魚之肆。』**⑩**

我們不知道莊子那次有否借到米。我相信他借到了，因為並
沒有他餓死的記載。但是他是憑著「無用」而借到呢？還是憑著
他的機智和幽默呢？然而，如果他不是這樣專心於「無用」之中，
也不會這樣機智和幽默。由於他時常釣魚，所以就和魚有深刻的
交感，因此魚的形相時常穿過他的腦際。他知道他們的幸福，也
感覺到他們的痛苦。例如他說：「泉涸魚相與處於陸，相呴以濕，
相濡以沫，不若相忘於江湖。」**⑪**

這句話的用意是在於責斥那些只從事道德行為的人，他們忽
略了道德的泉源──道。但是莊子似乎也知道，即使是我們的內
心生活，也有泉源乾涸的一些日子；在這種情形中，我們也會處
於困境，唯一保持生命的辦法就是從近處去借一點水來。

要理解和欣賞莊子，我們必須有一點幽默感。因為莊子不只
是一個深刻的思想家，而且是一個幽默的人。一直到臨死躺在床
上，他還是保持幽默。他聽到他的徒弟計劃要替他舉行一個盛大
的葬禮，就和他們做了如下的對話：『『吾以天地為棺槨，以日月

---

⑩ 〈外物〉第二十六下六二頁。

⑪ 〈天運〉第十四上八五頁。

為連璧，星辰為珠璣，萬物為齎送，吾葬具豈不備邪？何以如此？」弟子曰：『吾恐烏鳶之食夫子也。』莊子曰：『在上為烏鳶食，在下為螻蟻食。奪彼與此，何其偏也？』」 ❷

　　他如何生活，也如何死去，這就是說他生活在心靈的自由中，也在心靈的自由中死去。他大約死在公元前二九○與二八○年之間。正如我們不知他生在那一年，也不知道他究竟死在何年。但是對於莊子和任何具有智慧的人：「每一天都是出生的好日子，每一天也是死去的好日子。」 ❸

二、道的觀念

　　《莊子》一書最後的〈天下篇〉，對於當時「百家」的著名哲學家都加以批評，包括「鄒魯之士」，墨翟、宋鈃、尹文、慎到、關尹、老聃、莊周與惠施。治中國哲學史者，都把〈天下篇〉看做那時代的最重要史料，雖然大家都承認，它並不出於莊子手筆，而是他的一個徒弟所寫。下面二點對本文具有特殊的重要性。

　　第一、在討論「百家」以前，〈天下篇〉指出《詩》、《書》、《禮》、《樂》、《易》、《春秋》，是當時的共同文化遺產，並對「鄒魯之士」大加讚揚，因為他們徹底學會了這「六藝」，而且把它們的原則解釋清楚。以後〈天下篇〉又把這整個傳統理想總括成「內聖外王」四字 ❹。這裏儒家與道家完全合在一起。

---

❷　〈列禦寇〉第三十二下九五頁。

❸　據說教宗若望二十三世說過這句話。

❹　〈天下〉第三十三下九六頁。

第二、〈天下篇〉用短短幾句話把莊周的哲學精神表達得非常
精彩：

> 芴漠無形，變化無常，死與生與，天地並與。神明往與，
> 芒乎何之。忽乎何適，萬物畢羅，莫足以歸。古之道術有
> 在於是者，莊周聞其風而悅之。以謬悠之說，荒唐之言，
> 無端崖之辭，時恣縱而不儻。不以觭見之也，以天下為沉
> 濁，不可與莊語。以卮言為曼衍以重言為真，以寓言為廣。
> 獨與天地精神往來，而不敖倪於萬物。不譴是非，以與世
> 俗處。其書雖瑰瑋，而連犿無傷也，其辭雖參差，而諔詭
> 可觀。彼其充實，不可以已。上與造物者遊，而下與外死
> 生無終始者為友。其於本也，宏大而辟，深閎而肆。其於
> 宗也，可謂稠適而上遂矣。雖然，其應於化，而解於物也。
> 其理不竭，其來不蛻，芒乎昧乎，未之盡者。❺

要徹底瞭解莊子，最好是讓我們慢慢地體味到個中三昧。但
這並不表示我們不能夠研究他的思想，《莊子》一書已表達出這些
思想。他對於道有什麼見解？他對於生和死是怎樣想法？他認為
道與其他倫理德性之間有什麼區別和關係？他對於「全人」的思
想如何？對於政府、技術和文明，他的真態度如何？這篇短文就
要討論這些問題。首先我們說一說道的觀念。

1.道是絕對的

---

❺　〈天下〉第三十三下一〇二頁。

　　對於莊子，只有道是絕對的。它不但是路徑，而且是宇宙和宇宙中一切的根源與結局。它創造一切，是一切的標準並且指導一切。它在一切事物中，但是與任何個別事物都不能視同一物。它在宇宙以內，卻又超越宇宙。它不但是最高的終極，而且是無限的。它是唯一的，但又是一切變化的原因。它是一切玄妙中的玄妙，使能思想者永久發生神妙的感覺。人愈有智慧，對於它也更覺驚奇。只有愚笨的人想自己已經知道它。

　　由於只有道是絕對的，因此，其他一切都是相對的，包括人的各種思想和傳統。正因為莊子崇拜絕對的道，所以對於其他一切，他可以說是「相對論者」；正因為他對於道有赤子般的信心和依賴，所以他對「百家」的見解都表示懷疑。他雖然用微妙和似非而是的推理方式，但這是因為他要用詭辯派自己的方法去打擊他們。在幽默和表面的怪誕之下，他有很深的嚴肅。

　　道的本身超出人的理解與言詞之上。老子與莊子只曾側面和消極地努力去描寫它，也就是描寫道對於宇宙與人類世界所發生的效果。莊子對於道的觀念基本說來和老子的一樣。但是老子是一個典型的智人，言簡意賅；而莊子則是一個天才，他用如畫的描寫和有趣的故事把老子的深意表達出來。莊子對於老子的關係，正如同孟子之對於孔子。莊子的散文在中國古代未有其匹；後代的陶淵明與李白都從莊子的散文中汲取靈感。但是他的影響不限於文學，而普及整個中國思想史。無論是佛教和儒教的第一流思想家，沒有一個不用莊子的燭見來解脫他們的頭腦，並用莊子的思想充實他們自己的思想。宋儒巨子程顥（一〇一一——一〇八五）雖然不贊成莊子的不拘小節，但是他也不得不承認：莊子的

論道，也有獨到之處。

　　這裏我們姑且把莊子關於道的見解敘述一下。首先道是超越的：

　　夫道，有情有信，無為無形，可傳而不可受，可得而不可見。自本自根，未有天地，自古以固存。神鬼神帝，生天生地。在太極之先，而不為高。在六極之下，而不為深。先天地生，而不為久。長於上古，而不為老。❶

莊子又說：

　　於是泰清問乎無窮曰：「子知道乎？」無窮曰：「吾不知。」又問乎無為，無為曰：「吾知道。」曰：「子之知道，亦有數乎？」曰：「有。」曰：「其數若何？」無為曰：「吾知道之可以貴，可以賤，可以約，可以散。此吾所以知道之數也。」泰清以之言也，問乎無始，曰：「若是，則無窮之弗知，與無為之知，孰是孰非乎？」無始曰：「不知深矣，知之淺矣。弗知內矣，知之外矣。」於是泰清中而歎曰：「弗知乃知乎？知乃不知乎？孰知不知之知？」無始曰：「道不可聞，聞而非也。道不可見，見而非也。道不可言，言而非也。知形形之不形乎，道不當名。」❷

---

❶　〈大宗師〉第六下三八頁。

❷　〈知北遊〉第二十二下三一頁。

　　說起道的超越性時，莊子用「既非此又非彼」的口吻，頗有些像印度《吠陀》聖典的優波泥沙土 (Brihad Aranyaka Upanishad) 中的 "Neti, Neti"，又像基督教神秘者的消極路徑 (Via negativa)。但是當他談到道的內在性的時候，莊子也會用積極的句子：

> 東郭子問於莊子曰：「所謂道，惡乎在?」莊子曰：「無所不在。」東郭子曰：「期而後可。」莊子曰：「在螻蟻。」曰：「何其下邪!」曰：「在稊稗。」曰：「何其愈下邪!」曰：「在瓦甓。」曰：「何其愈甚邪!」曰：「在屎溺。」東郭子不應。❶❽

2.道是創造者

　　道超出位格與非位格的區別以上。他二者都不是而又二者都是。他論道的時候，聖保祿的「文字殺死，精神賜與生命」這句話很應用得上。我們對於道所用的任何言詞——無論是名詞、代名詞、動詞、形容詞、或甚至介系詞——如果用字面的意義去死解，就會殺死人。當然被殺的不是道自身，而是那些膠住死文字不放的人，正如同蒼蠅為捕蠅紙所膠住一般。例如，假使我們用「他」這個字，我們可能會想，道具有人的特性比神的特性更多。假使我們用「它」這個字，我們可能會想道如同石頭一樣地沒有生命，或者是抽象的虛無飄渺的東西。我們講起道所用的一切言詞，必須用類比的方法去理解，這些言詞的目的在於喚起我們的思想。對於莊子，整個宇宙不過稍稍指點出道而已，「天地一指

----

❶❽　〈知北遊〉第二十二下二九頁。

也」。❿

　　莊子又說道就是造物者，有時他和道彼此交談：

> 吾師乎，吾師乎！ 整萬物而不為義，澤及萬世而不為仁，
> 長於上古而不為老。覆載天地，刻彫眾形，而不為巧。❷

莊子把「天」和「道」這二字交換應用，這兩個字都表示最高的
存在。當他視之為造物者時，通常他用「天」這個字，「天」也就
是「上帝」或「天主」。

　　對於莊子，天並非完全不可知的。認識了他的特性，可以藉
這些概念約略認識他。例如，我們可以知道他是：

> 知大一，知大陰，知大目，知大均，知大方，知大信，知
> 大定，至矣。❷
>
> 大一通之，大陰解之，大目視之，大均緣之，大方體之，
> 大信稽之，大定持之。❷

　　上述這些概念替莊子構成了對天的全部知識。這些知識其實

---

❿　〈齊物論〉第二上一○頁。

❷　〈大宗師〉第六上四四頁；〈天道〉第十三上七五頁。這一段話，二
　　篇都可以找到；〈大宗師〉中的上下文是指造物者，〈天道〉中上下文
　　則指天。

❷　〈徐无鬼〉第二十四下五二頁。

❷　〈徐无鬼〉第二十四下五二頁。

也不過是指向天的指路牌而已。在某種意義之下，雖然這些概念，自然規律和宇宙程序都表現出天，但天的內在本質對我們始終是隱秘的。在宇宙開始存在以前，天已永久存在。另一方面，我們所能想到的名字都由有限世界而來。我們又如何能夠用有限的尺度去衡量無限者呢？因此莊子宣稱：「則其解之也，似不解者，其知之也，似不知之也，不知而後知之。」❷

全世界的神秘者都講同樣的話，這實在是一件令人驚奇的事。這樣的例子不勝枚舉，譬如聖十字若望曾以類似方式說：一個人的理智、意志、記憶都不能領導我們直接領悟天主。「要想達到祂，靈魂與其要走領悟的路，還不如不希望去領悟；要想走近天主的光線，與其睜開眼睛，還不如閉住眼把自己留在黑暗中。」❷

道家的特點就在於強調無意識與自然而然，反之儒家則強調有意識地用功夫，並運用理性的思考，這兩家彼此相反，但同時又形成生命的二個極端；緊張與鬆懈，明確的與含糊的，醒悟與入睡，理智與直覺，記憶與健忘，生長與減少，獲得與丟失。但是正如同儒家的學者不能夠始終一般地緊張明確，同樣地道家神秘者的鬆懈與清靜也有各種不同等級。莊子用下面這個異想天開的故事給我們指出上述事實：

  齧缺問道乎被衣，被衣曰：「若正汝形，一汝視，天和將至。攝汝知，一汝度，神將來舍，德將為汝美，道將為汝居。

---

❷ 〈徐无鬼〉第二十四下五二頁。

❷ Tr. E. Allison Peess, *The Works of St. John of the Cross* (Westminster, Md. Newman Press, 1949), I, 97.

汝瞳焉，如新出之犢物而無求其故。」言未卒，齧缺睡寐，
被衣大說，行歌而去之，曰：「形若槁骸，心若死灰，真實
知，不以故自持。媒媒晦晦，無心而不可與謀，彼何人哉！」❷⑤

3.道住在我們中間

莊子對於道住在我們中間這件事，具有深刻的燭見，因此我
們可把他和世界偉大神秘者相提並論。莊子是一個天才的理論哲
學家，但是他一心一意熱愛道，並且強烈希望與道合一，這點更
值得人注意。

老子早就說過「玄之又玄，眾妙之門」；❷⑥莊子更把這個深刻
真理傑出地加以發揮。下面就是莊子對「王德之人」（即與道合一
的人）的描寫：

> 視乎冥冥，聽乎無聲，冥冥之中，獨見曉焉，無聲之中，
> 獨聞和焉。故深之又深，而能物焉，神之又神，而能精焉。
> 故其與萬物接也，至無而供其求，時騁而要其宿。❷⑦

一個人如果自己沒有類似的經驗，絕對寫不出這樣的話來。

一個人要與道合一，他必須超越時間與空間，安心接受生命
中的各種遭遇，也就是成為一個自由的人。令人驚歎不置的是：

---

❷⑤　〈知北遊〉第二十二下二七頁。

❷⑥　老子《道德經》第一章。

❷⑦　〈天地〉第十二上六五頁。

一個人越深切感覺到道的超越性，越願意以某種程度參與它的內在性，並且與一切存在之物的大家庭結合為一。但是感覺到自己與萬物為一體，並不表示一個人是泛神論者。他並不想自己與宇宙萬物完全是一個東西，他也並不想道與宇宙是一件事。即使在他講自己與道合一的時候，他也只想這是陶成自己品格的必經之路，如果我非替莊子歸類不可的話，我寧可叫他為「一切在神內論者」(Panentheist)，❷ 或者至少稱他是「一切在神內論者」的原始典型。

由於道住在我們裏面，並且我們與它合一，我們才成為「天的兒女」。下面這一段值得密切注意：

> 宇泰定者，發乎天光。發乎天光者，人見其人。人有修者，乃今有恆。有恆者，人舍之，天助之。人之所舍，謂之天民，天之所助，謂之天子。學者，學其所不能學也。行者，行其所不能行也。辯者，辯其所不能辯也。知止乎其所不能知，至矣。❷

這就是「無為而無不為」❸ 的境界。這並不意味著，像豬一樣地懶或者像偶像一樣不動。得道者的一生可能充滿著各種活動和成就，但是他內心中明瞭並非他自己，而是道在他內執行一切。他清楚見到，他從屬於天和天道。這樣，如果他把成就歸功於自

---

❷　F. V. Hügel, *The Mystical Element of Religion*, II , 373, 383.

❷　〈庚桑楚〉第二十三下三七頁。

❸　《道德經》第四十八章。

己，簡直就是偷天的東西。因此莊子說：

> 夫造物者之報人，不報其人，而報其人之天。 ❸

三、生、死和夢

莊子不像後世道士一般相信長生不老之術。他從來沒有去找
不死之藥，也從來沒有煉過仙丹。他所說的水不能溺火不能燒，
死亡也不能傷害的真人，實際上就是人的精神或靈魂，它既不是
物質的東西，因此超出時間與空間的領域。莊子把人的精神稱為
「真人」，是因為這是人的真正的而且是更高的自己。這個真正的
自己在人出生以前已經存在，而在人死後，這真的自己返歸故家，
也就是回到原來的狀態。它繼續存在，但它的存在超過時間與空
間以上。莊子對於靈魂在人死後如何的想法，頗接近基督徒所稱
的永生。事實上，這個永生是超乎其他一切的最高實際，世間的
生命和它相比就如同做夢和覺醒相比一般。人不過是精神或「真
人」的轉瞬即過的影。

但是無論我們對於死後如何想法，死亡依舊是一件嚴重的事
實。雖然死亡不能殺死靈魂，肉體的瓦解至少不是一件很愉快的
事，也不只是和親人暫時的離別。由於莊子的思想非常敏銳，而
他的想像力又非常活躍，我設想他很可能為死亡的思想所糾纏。
他這許多次說起死亡，這件事表示他對死亡有深刻的恐懼，同時
又對生後有強烈的好奇心。漢姆雷脫的「存在或不存在」這個問

---

❸　〈列禦寇〉第三十二下九一頁。

題，一定在他腦海中一個角落裏埋伏著。為了驅逐死的恐怖和陰影，莊子苦心焦慮，給我們留下了幾則最深刻的思想。例如，他推測死亡可能是一個意想不到的恩物：

> 予惡乎知說生之非惑邪？予惡乎知惡死之非弱喪而不知歸者邪？麗之姬，艾封人之子也。晉國之始得之涕泣沾襟。及其至於王所，與王同筐牀，食芻豢，而後悔其泣也。予惡乎知夫死者不悔其始之蘄生乎。❸❷

在另外一處他稱死為「大歸」。莊子把下面一席話放在和孔子對話的老子口中：

> 人生天地之間，若白駒之過郤。忽然而已，注然勃然，莫不出焉。油然漻然，莫不入焉。已化而生，又化而死。生物哀之，人類悲之。解其天弢，墮其天袠，紛乎宛乎，魂魄將往，乃身從之，乃大歸乎！❸❸

他往往把生命和做夢相比，而稱死亡為「大覺」：

> 方其夢也，不知其夢也；夢之中，又占其夢焉；覺而後知其夢也。且有大覺，而後知此其大夢也。而愚者自以為覺，竊竊然知之。君乎牧乎，固哉。丘也與女皆夢也。予謂女

❸❷　〈齊物論〉第二上一六頁。

❸❸　〈知北遊〉第二十二下二九頁。

夢，亦夢也。❸

　　但是莊子卻不是一個醉生夢死的人。他不過是比其他的人更
醒覺，因此他體味到此生以上的更高實際。說此生是做夢絕不是
說此生是幻覺。對於莊子，即使是做夢也有某種程度的實際性，
不過比覺醒的實際程度較低而已。但是與「大覺」比較起來，我
們醒時的生活也就成為一個大夢。這個「大夢」雖然比普通做夢
時有更高的實際程度，但無限地低於實際本身。莊子是一個澈底
的實際主義者，他的最高實際就是天與天道。存在事物中以宇宙
為最實際的東西，其他一切事物也多多少少是實際的。下面這一
段足以表示，莊子相信我們的夢也有某種程度的實際性：

　　　昔者莊周夢為胡蝶，栩栩然其胡蝶也，自喻適志與，不知
　　　周也。俄然覺，則遽遽然周也。不知周之夢為胡蝶與？胡
　　　蝶之夢為周與？周與胡蝶，則必有分矣。此之謂物化。❸

　　有時莊子把他對於生與死的哲學放在一個臨死的人口中。下
面這一段話是子來在臨死前的話：

　　　父母於子，東西南北，唯命之從。陰陽於人，不翅於父母。
　　　彼近吾死而我不聽，我則悍矣，彼何罪焉。夫大塊載我以
　　　形，勞我以生，佚我以老，息我以死。故善吾生者，乃所

---

❸　〈齊物論〉第二上一六頁。
❸　〈養生主〉第三上一八頁。

以善吾死也。今之大冶鑄金，金踊躍曰「我必且為鏌鋣」，大冶必以為不祥之金。今一犯人之形，而曰「人耳人耳」，夫造化者，必以為不祥之人。今一以天地為大鑪，以造化為大冶，惡乎往而不可哉？成然寐，遽然覺。❸❻

　　這裏我們必須加一些解釋。莊子在這裏說起宇宙間的陰陽，可能有人會把他當做泛神論者。但是必須注意，最後他說天地是鑄金的「大鑪」，而以「造化者」為「大冶」。說起造化者的時候，他普通是指點天，天也就是上帝。❸❼也有幾次，莊子用「道」字

---

❸❻　〈大宗師〉第六上四一頁。

❸❼　迦爾斯 (Herbert Giles) 與林語堂把天字譯為上帝，從上下文看來，我想他們譯得正確。例如迦爾斯把下面一段如此譯成英文："He who is inwardly straight is a servant of God. And he who is a servant of God knows that the Son of Heaven (the king) and himself are equally the Children of God." 林語堂採用迦爾斯的譯文。(請參考 *The Wisdom of China and India*, P. 647.) 這段譯文既正確又易懂。他們也給我們知道，不應每次都把「天」譯為「上帝」，譬如「天子」就被譯為「天的兒子」，也就是皇帝。但是上面這一段也可以有如下的譯法："He who is inwardly straight is a cooperator of Heaven; and being a cooperator of Heaven, he knows in his heart that the King and himself are equally Heaven's children." 兩種譯文的意思差不多是一樣。我用 Heaven 譯天字；莊子多次（這次就是如此）用「天」字表示上帝，但是在另外一些地方，則用「天」字表示上帝的照顧或自然（但不是自然主義者的自然，而表示上帝的作品和上帝的工作方式）。

還有一點必需注意：「天地」指宇宙；但是絕不可把「天地」與「天」混用。與地合在一起，天就成為宇宙的一份子。事實上，宇宙秩序有

指點造物者。但是一般說來，在老子、莊子和孔子的作品中，天指點上帝；而道指點上帝的能力、智慧與做事方式。但是由於上帝的屬性與上帝之間沒有真的區別，道和上帝的智慧也可以稱為造物者。莊子說陰陽是大父母，他並沒有意思說天地是靈魂與肉體的父母，而只說天地是肉體的父母。無論如何，他絕沒有說陰陽就是天和道，整個宇宙的程序不過是道的功效；因此，對我們說來，它的功效是上帝照顧的一部份。

當莊子說起人在死後的變化時，他指點人的物質部份，而不指點人的精神和靈魂，因為靈魂是超越時空而存在的。下面這一段足以說明這點：

> 莊子之楚，見空髑髏，髐然有形、撽以馬捶。因而問之曰：「夫子貪生失理，而為此乎？將子有亡國之事，斧鉞之誅，而為此乎？將子有不善之行，愧遺父母妻子之醜，而為此乎？將子有凍餒之患，而為此乎？將子之春秋，故及此乎？」於是語卒，援髑髏枕而臥。夜半，髑髏見夢曰：「子之談者似辯士，視子所言，皆生人之累也，死則無此矣。子欲聞死之說乎？」莊子曰：「然。」髑髏曰：「死無君於上，無臣於下，亦無四時之事。從然以天地為春秋，雖南面王，樂不能過也。」莊子不信，曰：「吾使司命，復生子形，為子骨肉肌膚，反子父母妻子閭里知識，子欲之乎？」髑髏深矉蹙頞曰：「吾安能棄南面王樂，而復為人間之勞乎？」[38]

三個主要部份；就是天、地、人。

[38] 〈至樂〉第十八下三頁。

四、倫理德性及其泉源

　　莊子絕不反對倫理德性本身，他所反對的是某些儒家中人過份的倫理傾向。莊子認為人的最後目標是與道合一；而仁義等倫理德性都是走向這個目標的必經之路。道是這些德性的活泉。當你達到了與道合一的境界時，仁義等德性會自然而然湧流出來，如同河流從泉源湧流出一樣。這時，實行倫理德性不再是外來權威所加的繁重義務或被當作一種「絕對命令」；這時你實行這些德性，不會感覺到自己是了不起的有德之人，最多會偶而因著做了美妙的事而深深地感到滿足。孔子本人在他最後的幾年中達到了這個美妙境界；他告訴我們：「七十而從心所欲，不踰矩。」這就是說，從前他多少需要自覺地用力實行的，到了七十歲，就完全成為他自己的一部份，如同河流從它內部泉源自然而然湧流出來。倫理德性本質地還在那裏，但是已經轉變成上天的恩賜。實行這些恩賜不需要自覺地用力量；反而成為幾乎不可抗拒的一種滿足。由於這是一種滿足，所以不再需要庸人自擾地費力操心，也不再有邀功的思想，不再感覺到自己有德。正如老子所說的：「上德不德，是以有德。」❸❾ 他又說：「為無為，事無事。」❹⓪ 這正是孔子一生所致力而最後所達到的境界。

　　莊子有否達到這個境界，這點我們不敢像對老子和孔子那樣肯定。但是莊子藉著他形上學的天才和神秘家的稟賦，對於這神

---

❸❾　《道德經》第三十八章。

❹⓪　《道德經》第六十三章。

妙境界無疑地有很清楚的瞭解。他對理想的人的描寫，無論對於人生哲學或神秘生活，都是全世界最偉大的貢獻之一。這裏我們且舉幾個例子：

1. 君子

夫道覆載萬物者也，洋洋乎大哉，君子不可以不剖心焉。無為為之之謂天，無為言之之謂德，愛人利物之謂仁，不同同之之謂大，行不崖異之謂寬，有萬不同之謂富。故執德之謂紀，德成之謂立，循於道之謂備，不以物挫志之謂完。君子明於此十者，則韜乎其事心之大也，沛乎其為萬物逝也。若然者，藏金山，藏珠於淵，不利貨財，不近貴富，不樂壽，不哀夭，不榮通，不醜窮，不拘一世之利，以為己私分，不以王天下為己處顯。顯則明，萬物一府，死生同狀。 ❹

2. 大人

夫精粗者，期於有形者也，無形者數之所不能分也，不可圍者，數之所不能窮也，可以言論者，物之粗也，可以意致者，物之精也。言之所不能論，意之所不能察致者，不期精粗焉。是故大人之行，不出乎害人，不多仁恩，動不為利。不賤門隸，貨財弗爭，不多辭讓。事焉不借人，不多食乎力，不賤貪污，行殊乎俗，不多辟異，為在從眾，

---

❹ 〈天地〉第十二上六四至六五頁。

不賤佞諂。世之爵祿不足以為勸，戮恥不足以為辱，知是
非之不可為分，細大之不可為倪。**❷**

3. 真人

（莊子把下面的話放在孔子口中）古之真人，知者不得說，
美人不得濫，盜人不得劫，伏戲黃帝不得友。死生亦大矣，
而無變乎己。況爵祿乎。若然者，其神經乎大山而無介，
入乎淵泉而不濡，處卑細而不憊。充滿天地，既以與人，
己愈有。**❸**

4. 全人

聖人工乎天而拙乎人，夫工乎天而俍乎人者，唯全人能之。**❹**

應當注意的是，這些用以指出理想的人的不同名稱，實際上
都指點同一事實。莊子並不太看重名稱，也不喜歡替這些名稱做
確切的定義。他的全德觀念，可以用下面這一段話總括無遺。莊
子用這些話形容他心目中的黃金時代的人們：

端正而不知以為義，相愛而不知以為仁，實而不知以為忠，

---

❷　〈秋水〉第十七上九三頁。

❸　〈田子方〉第二十一下二五頁。

❹　〈庚桑楚〉第二十三下四〇至四一頁。

當而不知以為信，蠢動而相使，不以為賜，是故行而無迹，
事而無傳。❹

　　有時莊子也講起「至仁」，❹而他心目中的「至仁」和「道」
是一體，因為所有倫理德性，如「孝悌仁義忠信貞廉」都從屬於
「道」，正如同許多使女從屬於王后一樣。如果離開「道」和「至
仁」，這些德性都會衰退和死亡。但如與「至仁」連在一起，這些
德性就成為「至仁」的一部份，而且和「至仁」一起成為一個整
體，這些次要的德性也因而具有「道」本身的尊嚴和精神上的活
力。
　　有時莊子把倫理德性視為達到默觀生活的途徑。

　　仁義，先王之蘧廬也，止可以一宿，而不可以久處，覯而
　　多責。古之至人，假道於仁，託宿於義，以遊逍遙之虛，
　　食於苟簡之田，立於不貸之圃。逍遙無為也，苟簡易養也，
　　不貸無出也。古者謂是采真之遊。❹

---

❹　〈天地〉第十二上七一頁。

❹　〈天運〉第十四上八〇頁。

❹　〈天運〉第十四上八四頁。

五、靈修生活與人類文化

對於莊子，靈修生活是一個整體，其內部思想與外在活動形成一個連續步驟。靈修生活從脫離世俗的羈絆開始，目的是把自己從紛紜的雜務解脫出來。脫離世俗使你的心靈安寧，使你能夠安靜而恆心地實行靈修生活，一直到你抵達新生境界為止。這時你已經靠近目的，但是還沒有達到目的。依莊子的看法，由放棄世俗與逸樂所達到的新生，不過使你恢復一個人所應有的原始生機，同時準備你接受玄妙的變化，這個變化才能把你提高到天的水平上。正如同莊子所說的，這時你會「精而又精，反以相天。」❹由此可知，恢復你原始的生機是一件事，返回到根本——天，則又是一回事。前者是人的工作，但需要天的幫助，後者則完全是天的工作，這便是「無為而無不為」的境界。

返本以後，如果你繼續深居，或者回到世俗去為人群服務，都無關輕重：「窮亦樂，通亦樂，所樂非窮通也。」❹ 我們還可以進一步說，所有人類文明和文化的各部門具有常存價值的作品，都從內部的泉源湧流出來。

莊子對於文化和文明的態度並不太容易描寫。在某幾章中，他似乎對所有人間的事物都加以無情的諷刺。他的毫無顧忌的腦筋，在因襲的傳統和習慣的煙幕下面看破個中真相；這大概使莊子的善感的心靈深深地受到創傷。統治者離開理想的帝王相差何

---

❹　〈達生〉第十九上六頁。

❹　〈讓王〉第二十八下七五頁。

啻千萬里：他們很像是戴上冠冕的大盜，說一些好聽的話，同時制定一些用以懲罰小偷的法律。他所看到的這種情形幾乎使他發瘋。更壞的是，他見到博學之士以及那所謂聖賢之士都向這些戴冠冕的強盜致敬，幫助他們把贓物安全地保存起來。這些學者和「聖賢」作了那些罪魁的幫凶。即使是過去人類文明的偉大創造者，也不過是替這些大盜貢獻一些工具和財寶，供他們享受。莊子甚至說：「聖人已死，則大盜不起，天下平而無故矣。」❺ 他簡直反對一切文明。因為，正如同他所說的：

> 為之斗斛以量之，則並與斗斛而竊之。為之權衡以稱之，則並與權衡而竊之。為之符璽以信之，則並與符璽而竊之。為之仁義以矯之，則並與仁義而竊之。何以知其然邪？彼竊鈎者誅，竊國者為諸侯；諸侯之門，而仁義存焉，則是非竊仁義聖知邪？ ❺

因此莊子主張絕聖棄智，擿玉毀珠，焚符破璽，掊斗折衡，廢棄法律。他對於音樂家與畫家格外厲害：他認為樂器都應當毀壞，畫家的眼睛應當膠住，音樂家的耳朵應當塞住。❺ 幸虧莊子不曾做皇帝呢！

整個的〈胠篋〉❺ 這章是諷刺文學的傑作。作者在這裏把滿

---

❺　〈胠篋〉第十上五六頁。

❺　〈胠篋〉第十上五六頁。

❺　〈胠篋〉第十上五六頁。

❺　〈胠篋〉第十上五四至五七頁。

腹牢騷全部發洩出來，讀之令人津津有味。但是這一切決不能代表他對於人類文明的成熟見解。

在另一章中，莊子以人生最後價值觀點用故事方式討論技術問題。❺❹子貢是孔子的弟子，大家都知道他有功利和實用主義的傾向。他到南部旅行遇到一位老翁，用水壺在澆他的園子。老翁從一口井中汲水倒在溝中，來來去去非常辛苦，但是成效微乎其微。子貢很同情他，就走近說：「有械於此，一日浸百畦，用力甚寡，而見功多，夫子不欲乎？」❺❺子貢乘便對這機器做一番描寫：「鑿木為機，後重前輕，挈水若抽，數如泆湯，其名為槹。」不料老翁反而忿然作色說：

> 吾聞之吾師：有機械者，必有機事，有機事者，必有機心。機心存於胸中，則純白不備，純白不備，則神生不定者，道之所不載也。吾非不知，羞而不為也。❺❻

得到了這個出乎意料的教訓以後，子貢不出一言。老人問他是誰，他說自己是孔夫子的弟子。這句話更引起老人的一番議論。他教子貢不要忽略治理自己而想治理天下。最後老人很不客氣地說：「子往矣，無乏吾事。」子貢狼狽地回去。在路上，他的徒弟問他，為什麼老人的話使他這樣激動。子貢的答覆似乎表示他已經完全被老人的哲學所說服。回到魯國以後，他把這件事告訴孔

---

❺❹　〈天地〉第十二上六四至七三頁。

❺❺　〈天地〉第十二上六九頁。

❺❻　同上。

子，孔子說：

> 彼假修渾沌氏之術者也，識其一不知其二，治其內而不治
> 其外。夫明白入素，無為復朴，體性抱神，以遊世俗之間
> 者，汝將固驚邪？且渾沌氏之術，予與汝何足以識之哉？❺❼

　　所謂「遊世俗之間」的意思，是得道的真人如常人一般地應
用這個世界，而心思不牽連在這個世界。我人必須在精神上效法
渾沌氏，而不在形式上效法。假使在精神上成為「渾沌氏」，我們
不可把內外分得太清楚。隱士是最低一流的道家人士，他們尚執
著外表。高級的得道人士，在朝廷與市場可以和在山林中一般地
安靜。他們對於生命的任何境遇，完全適應，他們不喜歡有一點
點奇特的表示而引起人家注意。

　　莊子放入孔子口中的那些話，足以代表他自己成熟的見解。
這一章大概不是莊子自己而是他的門人所寫的。雖然如此，其中
的思想多少忠實地反應出他的看法。即使那些話真是孔子所說，
無論如何，莊子也是完全同意這些話的。我相信莊子在晚年慢慢
地吸收了孔子的中庸精神，正如同孔子在他晚年也逐漸接近老子
的無為哲學。我們可以說莊子是完全沉醉在上帝的一個人。古代
的一些批評家表示，莊子雖然透澈天上的事物，對於人間事物卻
像一個瞎子。他的無為的政治哲學，他的敵視文明，他的主張回
復到太古的簡樸與純淨，這一切都使他像一個向空處敲打的天使。
但是我想他說這些話時，並不把這些當做實際行為的準則，而只

---

❺❼　〈天地〉第十二上七〇頁。

是要生動地告訴那些墨守舊例的因襲主義學者，人間傳統不應當視為永恆的真理。許多他們所認為神聖不可侵犯的觀念，事實上可能並沒有普遍效力，而歷史上所認為聖哲的帝王，和他們的祖宗相比之下，可能已經退化。無論如何，我們不能把他們當做道的化身。莊子不過是要用他的諷刺，把積久的傳統來徹底洗刷一下。另一方面，他又痛心疾首於那些沒有原則而且無所忌憚的國家與政客們，這些政客把利益當做最高準則。他們雖然聰明而自私，並且正因為他們聰明而自私，替老百姓和他們自己招惹許多麻煩和災害。與其有這樣的政府和領導者，老百姓還不如自己照顧自己更好。某些尖刻的諷刺就是指著這樣的領導人物而發的，猴子的故事就是例子。牠自恃聰明，不和同伴一起逃避獵人。獵人向牠射箭時，牠竟用手攫住飛來的箭，表示出非凡的本領，但這個本領也正是牠致死的原因。❺❽

　　莊子對政治哲學最有價值的貢獻是他「內聖外王」的理想。❺❾他對於理想的王者的一些話，是對統治者絕無僅有的美妙忠告。例如他引用老子的話：

　　　明王之治，功蓋天下，而似不自己。化貸萬物，而民弗恃，有莫舉名，使物自喜。立乎不測，而遊於無有者也。❻⓿

---

❺❽　〈徐无鬼〉第二十四下四七頁。

❺❾　〈天下〉三十三下九六頁。

❻⓿　〈應帝王〉第七上四六至四七頁。

六、全德的神秘之路

人的天性追求無條件的幸福。莊子對於自身受各種條件限制的感覺非常強烈，因此他也很強烈地想望無條件的事物。由於他內心中覺得客觀條件與所想望的無條件境界互相衝突，因此就產生一種緊張狀態。但我們不能說他的哲學只是一些由希望而生的玄想和合理化企圖。他是一個非常坦白而深刻的思想家，因此他不會自欺欺人。我人可以說，他對於無條件事物的熱烈想望提高了他的感受能力：事實上他的感受能力非常精細同時又很廣闊，這樣的精細和廣闊程度以前中國沒有達到過，以後也沒有被超過。事實上，莊子的感受能力也遠在他無限制的想望以下。但是無論如何，他的感受能力已經達到人類智力在這方面所能夠達到的程度。

但是老莊哲學之所以有永久性的意義，尤其對於人類文化現階段有其意義，是因為他們倆人都非常清楚地意識到人類知識和「道」之間的深淵。他們兩人的心思都為無限所縈繞，同時也深切了悟無限之不可知性。他們和聖多瑪斯的看法不約而同：「知道我們不明瞭天主，這就是對天主的最後認識。」❻和這句話互相對照，我們可以瞭解老子一些晦澀的句子，例如：

> 知不知，上；不知知，病。夫唯病病，是以不病。聖人不病；以其病病，是以不病。❻

---

❻ *Summa Theologica*, II–II, q. 8, a. 8.

　　對絕對事物表示不知，就是認識的終點和智慧的開始。一個人要與道合一，必須進入不知的雲霧之中。用老子的話來說，我人必需「塞其兌」、「閉其戶」，❻❸我人必需離開繁複的事物而沒頭沒腦地沉浸在「玄同」中。❻❹莊子用許多比喻來表示這幸福之「夜」。下面就是其中的一個：

　　　　於是泰清問乎無窮曰：「子知道乎？」無窮曰：「吾不知。」
　　　　又問乎無為，無為曰：「吾知道。」曰：「子之知道，亦有數
　　　　乎？」曰：「有。」曰：「其數若何？」無為曰：「吾知道之可
　　　　以賤，可以約，可以散，此吾所以知道之數也。」泰清以之
　　　　言也，問乎無始，曰：「若是則無窮之弗知，與無為之知，
　　　　孰是而孰非乎？」無始曰：「不知深矣，知之淺矣。弗知內
　　　　矣，知之外矣。」於是泰清中而歎曰：「弗知乃知乎？知乃
　　　　不知乎？孰知不知之知？」無始曰：「道不可聞，聞而非也。
　　　　道不可見，見而非也。道不可言，言而非也。知形形之不
　　　　形乎？道不當名。」❻❺

　　莊子用「渾沌」二字形容不識不知的境況，也就是宇宙開始時的不成型的狀態。下面的比喻把「渾沌」人格化：

---

❻❷　《道德經》第七十一章。

❻❸　《道德經》第五十六章。

❻❹　同上。

❻❺　〈知北遊〉第二十二下三○至三一頁。

南海之帝為儵，北海之帝為忽，中央之帝為渾沌。儵與忽，
時相與遇於渾沌之地，渾沌待之甚善。儵與忽謀報渾沌之
德，曰：人皆有七竅，以視聽食息，此獨無有，嘗試鑿之。
日鑿一竅，七日而渾沌死。❻

這裏的渾沌就是最原始最簡單而尚未分化的純一。此外老子
和莊子又用未鑿的樸玉，新生的嬰孩，「玄牝」等等形象去形容這
原始的純一。這些東西都象徵尚未犯罪而不知善惡的人性。因此
老子說：「天下皆知美之為美，斯惡已；皆知善之為善，斯不善
已。」❻莊子的哲學也充滿這個見解。他以為人類歷史是逐漸的退
化。即使孔子所認為公私諸德模範的堯舜，莊子認為也不過是人
類厄運的先驅。莊子的歷史哲學如果應用到法律和政治，自然不
可避免地傾向極端的無政府主義。然而，莊子的哲學對於現代世
界還是一種苦口良藥，它告訴我們：智識與技術雖然重要，智慧
與內心生活則是文明的基礎。如果基礎薄弱，那麼上層建築越雄
偉，倒塌下來也就更可怕。我們應當記住：「為學日益，為道日損，
損之又損以至於無為。」❻因為把我們自己完全空虛以後，我們才
會被道的智慧所充滿。

渾沌與無知的觀念如果能用於培養內心生活，就會成為神秘
生活的最豐富的泉源。例如，莊子關於「心齋」❻與「坐忘」❼

❻　〈應帝王〉第七上四九頁。

❻　《道德經》第二章。

❻　《道德經》第四十八章。

的說法，使我們知道，他已經實行道家的「瑜伽」工夫，他對黑暗深處有獨特的經驗；老子早已經說過：黑暗深處就是「眾妙之門」。各時代與各地區的神秘家似乎都說同樣的話，指出同樣的事實，這件事使我越來越驚奇。有一位信基督的有神秘傾向的詩人，他從來沒有讀過莊子的著作，卻寫下了足以與莊子媲美的下述詩句：

> 時間會讓人蘇醒過來，
>
> 讓人穿過那微弱的光線，
>
> 它在靈心的小室中發出微弱的光；
>
> 為了進入黑暗的深處，
>
> 為了走一段黑暗的路徑，
>
> 為了知道人的確實尺寸，
>
> 以及他在時間的轉變中所佔的確定位置，
>
> 就是他在過去與未來中間所佔的位置。❼

　　莊子是一個澈底的神秘者：不但他的天與道的觀念具有高度的神秘性，他的全德的路徑也典型地是神秘的。他很清楚地見到，一個具有默觀生活特長的人在達到目標以前所必須經過的各個步驟。他告訴我們，一個老祖師怎樣挑選和訓練自己徒弟的故事，

---

❻⑨　〈人間世〉第四上二三頁。

❼⓪　〈大宗師〉第六上四五頁。

❼　這首尚未發表過的詩的作者是加大利納・德文克 (Catherine de Vinck) 女侯爵。本文作者曾得到作者的同意。

這故事也就是把他精神生活進展的全部途徑指給我們。下面就是他所講的故事：

> 南伯子葵問乎女偊曰：「子之年長矣，而色若孺子，何也？」曰：「吾聞道矣。」南伯子葵曰：「道可得學邪？」曰：「惡？惡可？子非其人也。夫卜梁倚，有聖人之才，而無聖人之道；我有聖人之道，而無聖人之才。吾欲以教之，庶幾其果為聖人乎？不然。以聖人之道，告聖人之才，亦易矣。吾猶守而告之，參日，而後能外天下。已外天下矣，吾又守之七日，而後能外物。已外物矣，吾又守之九日，而後能外生。已外生矣，而後能朝徹，朝徹而後能見獨，見獨而後能無古今，無古今而後能入於不死不生。殺生者不死，生生者不生。為物，無不得將也，無不迎也，無不毀也，無不成也。其名為攖寧，攖寧也者，攖而後成者也。」 ⑫

這與福音的教訓和基督教神秘主義的途徑雷同。那「外天下」、「外物」、「外生」三個步驟相當於煉淨之路。第四個（朝徹）和第五個（見獨）相當於明澈之路。第六第七第八三個步驟相當於合一之路。精神上超越時間的領域（無古今）就是走在自然界上面，也就是超自然化。「入於不死不生」就是略見永生的端倪。這一步相當於溶化性的合一的開始，導向完成之境而達到無比的平安。

《聖詠》作者說：「在您的光中我們看到光明。」 ⑬ 老實說，

---

⑫ 〈大宗師〉第六上三九至四〇頁。

透過基督的啟示，我才能認識各民族所蘊藏的精神財富。莊子可能已經達到他意想中的神秘步驟，他也可能沒有達到；無論如何，能夠體悟到這樣高的境界，表示他的確是一個卓絕的天才。莊子的思考上達天空，下入深淵，他又知道「天地一指也」，整個宇宙把神秘的道指給我們，也就是把天主的永恆規律指示給我們。對我說來，道自身也不過是把我們導向天主之道的指針。

——項退結譯自英文。

73　《聖詠》三十五首第四節。

中西文化的比較

　　中西文化之比較這個題目，我覺得範圍非常廣泛，也非常難講。我想分成兩次講，今天先講個大體，明天再討論具體的問題。我很抱歉的是沒有先準備講義。今天所發給各位的〈國父哲學思想的基本出發點〉，僅能作為一種參考資料。不過這篇文章對於本題，卻是有密切的關係。因為　國父對於中國文化與西洋文明俱有深刻研究，而且有一個綜合的見解。所以我認為我們可以拿　國父的思想方法，作為我們的出發點。

　　首先我要指出討論本題有兩點困難。第一點，就其同者而觀之，人類是一體的，絕對不能劃分為中西兩截。第二點，就其不同者而觀之，則中西二字的含義卻十分複雜。各位有許多曾經到外國去深造過的，經驗豐富，一定都知道，各國人有各國人的性情和特殊風俗習慣，要想籠統地來講西方，是不可能達到一個高度的真確性的。即就我國而論，北方人和南方人的性情就不是完全相同。西方民族和文化的複雜，那更不必說了。譬如歐洲的條頓民族與拉丁民族就有顯著的分別。盎格羅撒克遜民族也有他的個性，而美國人的性格和文化，又和歐洲不可同日而語了，所以

中西二字概括得很，現在只可以籠統地講。不過必須預先聲明的是：在這籠統的說法裏，多少含有主觀的成分。本來無論什麼學問，有原則也必有例外。何況我們現在所討論的題目，是這樣的廣泛，因此在我所提出的種種觀察，也都不免有例外的。在這個聲明之下，我才敢發表我的意見，以供大家參考。

我們中國有句成語：「人同此心，心同此理。」本來人類是整個的，根本上講起來，無所謂東西南北。世界上所有的民族，在先天的本質上不會有什麼重大的分別。我們同其他的民族，剛接觸的時候，固然會少見多怪地發生種種的偏見，以為非我族類，其心必異。可是到進一步認識他們的時候，我們便會漸漸地發覺他們思想方法和情感生活，和我們是大同小異的。不過在後天歷史的發展，由於種種不同的環境和其他外在的因素，各民族所注意的方向，和所努力的方向和目標，不免有許多的紛歧，結果遂演成了不同的文化，他們各有各的特殊的心得，不是其他民族所容易及得到的，這就是注意的園地不同。因而，他們所收穫的心得也各有獨到之處。可是綜合起來，卻是並行不悖的。

因為無論研究什麼東西，如果有真正的心得，一定是有普遍效力的。所以一個民族所發現特殊的心得，一經引起了別的民族的注意，別的民族也會承認的。這就是所謂「放之四海而皆準，百世以俟聖人而不惑。」因為只要是真理，他的效力一定不會被時間與空間所限制。

試舉一個最簡單的例子，比方孔子說的「己所不欲，勿施於人」，這是有普遍性的，而且這個普遍性決不在自然科學中任何定律之下。正如他們科學家發明一個定律，這個定律我們中國人會

承認，非洲人也會承認，這就是所謂普遍性。雖然發明一個真理，要有種種條件，好像要仰仗於某種民族，但是發明了以後，總是屬於人類全體的。

就一般而論，中國自古以來的學人所特別注意的，是偏於倫理方面和藝術方面。而近代西方學人所特別注意的，是偏於科學方面。因為各有偏向，各有各的主要園地，所以兩種文化可以分道揚鑣，各有千秋。但我相信在不久的將來，各民族的特殊貢獻可以會合起來，成功一個文化的交響樂。

中西文化開始接觸的時候，雙方都覺得格格不相入，鬧了很多笑話。比方十八世紀末葉，一七九二年，正值乾隆八十生辰，英王喬治第三，派了一個爵士馬戛爾尼 (George Lord Macartney) 帶了一封很恭敬的信（這封信在我們歷史上則稱為「表文」），請求和中國通商。當時馬戛爾尼還帶了許多科學器材，有天文、地理的儀器，有音樂的樂器，有鐘錶，有車輛的圖樣，有軍器，還有造船的模型（這些禮物在我們歷史上則稱為「貢品」）。乾隆將通商等請求嚴詞拒絕。至於貢品呢？還是留一個很大的面子，總算把他們收了下來。

乾隆給喬治的「敕諭」，有一段很有趣味的文字，謂：「天朝撫有四海，惟勵精圖治，辦理政務，珍奇異寶，並不貴重，爾國王此次齎進各物，念其誠心遠獻，特諭該管衙門收納，其實天朝德威遠播，萬國來王，種種貴重之物，梯航畢集，無所不有，爾之正使所親見，然從不貴奇巧，更無需爾國製辦物件。」這是一七九二年的事。我想在當時，不但乾隆，恐怕一般士大夫也有同樣的觀感，在他們的心目中，中國是世界上惟一文明國家，其他各

國，都屬化外之邦。

料不到在十九世紀這一個世紀當中，中國人對於西洋的科學發明，對於科學儀器，印象愈來愈深。到一八七九年，那年　國父十三歲，隨著他的母親楊太夫人搭輪船到檀香山去，他不僅對於西學發生極大的興趣，而且在他心裏開拓了一個新的境界。在他手書的《自傳》裏，這樣記著：「十三歲隨母往夏威夷島 (Hawaiian Islands)，始見輪舟之奇，滄海之闊，自有慕西學之心，窮天地之想。」　國父這些話，也可以代表當時開通份子的觀感。因為那個時代青年的思想，已經比十八世紀一般人士要成熟了。這個「成熟」二字的意思就是說對於自己的文化，已不會有那自滿自足，夜郎自大的一種心理，而對人家的文化，也沒有那種牢不可破的鄙視成見。

我們對於自己民族的優點，固應當仁不讓，同時對於別國的長處，也應用一種沒有成見的心去認識，去欣賞。所以　國父的確可以代表那個時候我們民族一種成熟的心理。因為　國父對於西洋科學固然有深刻的欣賞，可是他對於中國固有文化的好處，也能平心衡量，悉心體會，其寶貴中國固有文化的心理，與日俱進。他真是中立不倚，和而不流的一個人。他不僅不會像一般頑固份子以為「天下之美，皆在我矣。」另一方面也不像一般迷信西學，向西學一面倒的人一樣，鄙視自己的文化，連月亮也是外國的好。這兩種人都是要不得的。　國父的偉大，就在於他能秉承古來不卑不亢的態度，抱著汰汰大國的風範，主張儘量吸收西洋的優點，來發揚光大我國固有的文化。

這一點很重要，比方我們中國文化到了最高峰的時候，就是

唐朝，而唐朝對於外來的文化也就是最能吸收的。原來文化這個東西是一個有機體，就像人的身體，體格愈強健，它的吸收能力愈大，也愈能表達它的個性。一個真正知道愛國的人，他決不會想，除了我們這個國家固有的東西以外，其他沒有好的。這是小家風氣。而一個泱泱大國的風度，是不卑不亢的。對於自己的長處，要儘量發展，而對於人家的長處，也要儘量吸收。

德國第一流的華學家魏理賢氏 (Richard Wilhelm)，對於　國父一生思想和事業的意義，曾作了一個非常允當的評語。他說：「　孫逸仙的偉大，在於他能在儒家的根本原則和現代的需要之間，找出了一個活的綜合。這個綜合，在中國國內固然有很大的影響。但是推而廣之，於全世界人類的將來也具有深長的意義。」我覺得這是很中肯的觀察，因為魏氏也覺得，近世以來，西方過於注重現代的需要，而忽略了做人的道理。而且西洋近代思想家最大的毛病，就在相信只有自然科學的定律，具有客觀性，正確性，而對於倫理的原則，多認為沒有客觀的標準。這是一個很大的危機。所以這幾年我在美國，也竭力提倡一種新自然法的哲學，就是說我們在道德哲學和法律哲學方面，也有客觀的，且具有普遍效力的一種原則，其正確性決不在自然科學之下。

我現在再繼續引魏理賢先生的話，他說：「　孫逸仙在一方面既具備了一個革命家百折不回的毅力，同時還兼有著一個救世者的民胞物與、悲世憫人的襟懷。在人類的歷史上，　孫逸仙是最仁愛的一位革命家。這個仁愛精神，是從孔子的道統裏承繼下來的，因此他的學說，構成了舊時代和新時代的橋樑。中華民族，如果能以不可動搖的決心，實事求是地踏上這個橋樑，一定可以

達到中興的目的。」

現在我們可以總括一下，我們對於溝通中西文化這個問題，應該抱一種什麼態度呢？應該以和平的態度，在平等的立場上，作客觀的選擇，和平心的衡量。不僅不可懷著自卑感，更不可有誇大狂。我們中國的文化自有其優越之點，而西洋文化也有其優越之點，我們對這些優越之點，應該抱著無所不包的雅量去吸收並且加以發展。

《書經·秦誓》秦穆公說：「人之有技，若己有之。人之彥聖，其心好之，不啻若自其口出，是能容之。」我們要從事於中西文化的溝通，也要抱著大公無私的精神，凡有好的思想不必從自己出的，人家的貢獻，我們也要能欣賞，像自己的東西一樣。孔子曾說：「三人行，必有吾師焉，擇其善者而從之，其不善者而改之。」對於文化之溝通，我們也要採取同樣的態度，才能實踐日新又新的古訓，這也是「周雖舊邦，其命惟新」的秘訣。

現在可以請各位看看我發的參考資料，我一面讀，一面加以補充說明。

民國六年七月三十一日　國父以「知難行易」為題，作一次演講，於此可見他在第二年所完成的《孫文學說》，在那時已胸有成竹了。這個學說猶似兩面快的寶刀。在一方面，對於偏重行動而輕視知識之徒，則主張先行從事研究，打定了計劃，再去一步一步的付諸實行，如此方能收事半功倍之效，若是有勇無謀，一味妄動，犧牲雖多，而於國無補。在另一方面，對於一般後知後覺之人，既受了先知先覺者之啟發訓導，而猶畏首畏尾，多所顧慮，不敢遽行，徒以古訓「知之非艱，行之惟難」為口實，而不

敢前進，像這樣的人，無一事可成，怎能談到革命的偉業。所以
「知難行易」之說並不是單純地注重知識或鼓勵行動。它是雙管
齊下的。雙管齊下的意思就是持平的、均衡的、對稱的，而我們
中華文化的特質，就在這裏。

　　這個思想方式，在孔子以前的古籍裏，早已有極顯著的例子。
譬如在《尚書・舜典》中記載舜當任命夔作典樂的時候，對他說：
「教冑子直而溫，寬而栗，剛而無虐，簡而無傲。」這不是雙管齊
下嗎？又如皋陶謨載皋陶陳述「九德」說：「寬而栗，柔而立，愿
而恭，亂而敬，擾而毅，直而溫，簡而廉，剛而塞，強而義，彰
厥有常，吉哉。」這不是扣其兩端而得乎中和的妙諦嗎？

　　其實　國父的思想也處處都有雙管齊下之妙，深得中華民族
文化的精髓——就是扣其兩端，得其中和之心傳。兩方面都要曉
得，不過你所要得到的決定，是要不偏不倚合乎中和的。　國父
之所以能成為中華之代表人物，正在乎此，孔子以後，　國父實
為第一人。因為　國父是最維新的，也是最守舊的，他是當保守
的地方就保守，當維新的地方就維新，他的偉大就在於並不是單
面倒的，而是兼容並蓄的。

　　孔子的弟子曾說：「子溫而厲，威而不猛，恭而安。」這句話
對服務於軍界的朋友們來說尤其重要，能達到溫而厲，威而不猛，
恭而安，才算是模範軍人。我們的　總統就是這個氣象。

　　國父的氣象，亦復如是，凡是曾親炙　國父的人，也莫不有
同樣的印象，我們可以說他的整個人格，是個偉大的交響樂。
國父有百折不回之毅力，同時並有民胞物與之慈愛，他有非凡的
理智力，同時並有極豐富的情感。他平時靜默寡語，可是在公開

演講的當兒，卻是口若懸河，滔滔不絕，大似生公說法，頑石點頭。真是靜如山嶽，動若雷霆──這豈不是剛柔相濟的妙果。當然外國也有偉大人物，不過陰陽相和，剛柔相濟的理想，好像是我們所特有的意境，連文藝也有陽剛陰柔等等的評語。　國父的人格既是相反的品質所演成的一個綜合體，他的學說與事業，也自然是他的人格的表現。這也是我們中華民族的一個特點，學問同人格是渾然成為一體，兩者一氣呵成，而不能分離的。

耶穌曾說：「士子而熟諳天國之理者，譬諸一家之主，庫中取物，新舊兼備。」所謂士子就是有學問素養的人，能熟諳天國之理，即有一種靈感。學問和靈感互相調劑，才不會成為一個積而不化的學究，同時也不至於把自己的癡思夢想，貿然認作上天的啟示。有學問而且有靈感，才可以隨時發明真理，從自己靈性深處流出來無窮的真知灼見。耶穌這句話，　國父足以當之無愧，只要對於　國父著作稍加涉獵，便知他的學問如何的博大精深，將新的舊的、東方的西方的，一切入情合理的學說，取諸左右逢其源，熔為一爐，而絕無牽強附會之跡。這是因為他有超乎古今中外的信仰及境界，所以在他具有活力的系統中能包羅萬象而不落於雜亂。若要溝通中西，我們的靈感，我們的境界，必須超乎中西之上，才可以綜合中西。

我國古來的思想家，只有北方南方的比較觀，很少論到東方與西方的異同。《中庸》裏有一節（第一章）子路問強，孔子所答的，是最耐人尋味的。茲將全章一讀以供研究：

　　子路問強，子曰：「南方之強與？北方之強與？抑而強與？

　　寬柔以教，不報無道，南方之強也，君子居之。衽金革，
　　死而不厭，北方之強也，而強者居之。故君子和而不流，
　　強哉矯！中立而不倚，強哉矯！國有道不變塞焉，強哉矯！
　　國無道，至死不變，強哉矯！」（「強哉矯」是讚歎之詞，意
　　思就是說：「你看這是多麼強呵！」）

　　從這一節文字，我們可以看得出孔子所謂強是超乎南北而兼
攝南北的。結果是和而不流，中立而不倚，那又是扣其兩端而得
其中和的妙用了。

　　南方有南方之強，北方有北方之強。南方之強在乎以柔克剛，
以德報怨（這大概是指老子而言，老子與孔子同時，老子生在楚
國，是在孔子的南方，所以道德代表南方的思想）。孔子弟子中如
顏回閔子騫，雖然不是南方之人，卻可代表南方之強。譬如閔子
騫對於繼母寬容大量的態度，所謂「母在一子寒，母去三子單」，
感動了他的後母。顏回與閔子騫都不是南方人，所以「南方」與
「北方」，並不是地理上的區別，和「東方」與「西方」一樣，變
成品質上的形容詞了。曾子所謂：「以能問於不能，以多問於寡，
有若無，實若虛，犯而不校，昔者吾友嘗從事於斯矣。」這大概是
指顏閔輩而言的。至於北方之強，最典型的代表就是子路。孔子
的理想是要兼南方之寬柔慈愛與北方堅忍不移的精神，不偏南北，
而中立不倚。他用北方不怕死的精神，來貫徹南方仁愛之道。這
豈不是一個偉大的綜合。

　　國父生於南方，其慈悲仁愛之胸懷是天賦的，可是他又悉心
培養其自強不息，威武不屈，鞠躬盡瘁，死而後已的毅力。正如

孔子生於北方，富於剛健不苟之精神，好古敏求之志向，而同時又努力於強恕的工夫，以成就其己立立人己達達人之宏願。前後二聖的造詣，都是登峰造極的。

國父所生的時代，在縱的方面來說，也是和孔子的時代有相同之點——都是新舊交替的時代。在孔子則溫故而知新，在國父則知新而溫故。不過從橫的方面而講，國父的時代較孔子的時代自然更為廣大無邊。溝通中西文化的工作，是破天荒的大業，而且決非一個人的聰明才力所能勝任，可是國父卻為我國和全世界人類開出了一條康莊大道。

大體上看起來，東方的精神，接近孔子目中的南方，而西方的精神，則類似孔子目中的北方。

國父在思想上之成功，就在能用孔子調和南北的方法來調和東西。這並不是說國父曾故意的效法孔子，其實孔子所秉具的和吸收的是中華文化的精神，而國父亦復如是。這就是說不論怎樣偉大，孔子和國父，總是中華文化所產生出來的。所以兩者的結果，能不謀而合，千古一轍。

國父對於西方文化具有高度的認識與敬佩，但是他絕不盲從。國父是一個醫生出身，曾經受過嚴格的醫學訓練，所以他對西方的科學的造詣是非常深入的。由其著作〈建國大綱〉、〈建國方略〉、《三民主義》等等觀之，無一不是用治病的程序，先下一個診斷，看看是什麼毛病，是內科的，開個方子，是外科的，就必須動手術，有時不免要流血的。總之，他的遺教，都是言之有物。他一面主張我國如欲恢復三代以前的偉大，必須培植固有道德。而另一方面，又強調吸收西洋科學文明之必要，不然將無以生存

於世。

　　我想對於中西文化之溝通，第一要認清「道」和「器」之含義和關係。《易經・繫辭》有云：「形而上謂之道，形而下謂之器。」形而下與形而上，要打成一片。有器而無道，就是捨本逐末。同時也不要忘記，器是維持道的，道沒有器，也不能實現。可是孔子也有一句話：「君子不器」，你有一種職業，隨便什麼職業，醫學也好，軍事也好，不能光以做一個專家為滿足，根本你還是一個人。所以要以人為本，以天為則，這就是道。但是你有了道，再去研究一種器的原理，只會有好處，沒有壞處，因為都是給道所用的。而且，你研究專門學問的時候，就要了解這個專門學問是不能離道而獨立的。

　　現在我還要順便提一提　國父當時因為看見中國同外國打仗，尤其在中法戰爭時候，他才立定了革命的大願。當然那個時候他是注重於科學之知的。他對於王陽明先生知行合一之說，好像是不太贊成，也許那時候他對於陽明哲學沒有深刻的研究。後來他的繼承者　蔣先生，對於陽明學說，實在是有很深刻的研究，並且身體力行。當然　蔣先生一方面是　國父的信徒，一方面他又覺得陽明先生的學說有可取的地方。這樣一來，他必須把　國父的學說和陽明學說綜合起來，並行不悖。要並行不悖，當然要講出道理來，結果他發明一種道理。

　　蔣先生說：「知難行易」之「知」，所指的是科學，就是經過學問思辨而得到的一種知識，這是後天之知。「知行合一」這個「知」，是王陽明繼承了孟子所說的良知良能之知。良知良能之知，即是先天之知，不待教而人人皆具的。比方惻隱之心，人皆有之。

善惡之心，人皆有之。恭敬之心，人皆有之。是非之心，人皆有之。這就是仁義禮智四大德之根苗。這些只要是人，只要有良心，都應曉得的。而這樣的知，是與生俱來的，所以稱為良知良能。可是良知良能只為做人的起點，必須篤實踐履，才始能達成人生的理想。所以知易行難之說，是指良知而言的。

有一次白香山在杭州，他問一位鳥窠道林禪師說：「如何是佛法大意？」禪師對他說：「諸惡不作，眾善奉行。」白香山說：「三歲小孩也解恁麼道。」鳥窠說：「三歲小孩雖道得，八十老人行不得。」於此可見這個良知，並不是知了就算數，知了還要身體力行，才能深深體會，而達於證極之知。我為什麼要提出這些話呢？因為今天是講中西文化比較。　國父知難行易之知，是科學之知，可以代表西方之知，因為西方所特長的是科學，他們費了許多學問思辨，推理實驗的工夫，才於科學上有這樣驚人的發明。而良知良能的學說，是代表東方的。　蔣先生能把　國父的所謂知，和王陽明的所謂知，用分析的方法，辨別出來，成功他自己哲學系統當中兼收並存，相需而成的雙重要素，這可以說是溝通中西的一個模型。

再如天命與人力的問題，與中西文化也有關係。照外國人看起來，我們中國人（或者說東方人），好像是偏向於天命方面，所謂聽天由命。有許多事情，他們很不了解。譬如處於顛沛造次的時候，我們好像還是坦蕩蕩地漫不在乎的。其實我們並不是麻木不仁，卻是靜候時機的成熟。如果時機沒有到，盲目亂動，何濟於事？可是我們這種聽天由命的傾向，倘若沒有自強不息的精神來調劑，結果的確會達到暮氣重重，頹唐不振的地步。

照外國很多學者的說法，東方民族是傾向於定命 (Fate) 的。其實孔子所謂天命，不是命運的意思。孔子的天，好像是同上帝一樣，有情有理的。所以天命並不是一成不變的。人有至誠，便可以格天。但是後來天命二字的確變成命運，而淪於定命論了。西方是注重人力的，他們常常說："Where there is a will, there is a way"，即「有志者事竟成」。這並不是說我們絕對不注重人力，不過在程度上，似不如西方人的勇猛精進。

對於天命與人力的問題，　國父也有一個妥貼的答案。大家都知道，他是虔誠的基督徒。他在致區鳳墀先生的信裏，敘述倫敦蒙難時情形曾說：「弟身在牢中，自分必死，無再生之望。窮則呼天，痛癢則呼父母，人之情也。弟此時惟有痛心懺悔，懇切祈禱而已。一連六七日，日夜不斷祈禱，愈祈愈切，至第七日心中忽然安慰，全無憂色，不期然而然，自云此祈禱有應，蒙神施恩矣。」這是何等親切的宗教體驗啊！末後又說：「弟遭此次大故，如蕩子還家，亡羊復獲，此皆天父之恩。敬望先生進之以道，常賜教言，俾從神道而入治道。則弟幸甚，蒼生幸甚。」這「從神道而入治道」是明心見性，大澈大悟的話。

以後他的治道無處不是建立於神道基礎之上。雖然治道的建設是明顯的，而神道的基礎是隱藏的，可是我們要知道　國父一切政論的真相，先須了解那形而上的順天愛人之道，然後能一通百通，才不至發生歪曲的誤解。但是竟有人看　國父的學說與共產主義相似，這是絕無根據的觀點。如所週知，共產主義是建築於無神論的唯物主義基礎之上的，怎麼可以和　國父建築於順天應人的三民主義相提並論呢？

關於這一點， 總統曾說：「我們中國『天人合一』哲學思想乃是承認了『天』的存在，亦就是承認了『神』的存在。故『天曰神』，又曰『神者，天地之本而為萬物之始也』。這個觀念，自然和共產匪徒無神論的唯物主義的觀點是水火不相容的。」（見〈解決共產主義思想與方法的根本問題〉）我在外國書上也曾經讀到，現在唯物的共產主義，是建築於"Godlessness"（無神）之上。一有上帝，就是承認有比國家更高的權威了，而極權國家的思想，就不能成立了。 總統這篇〈解決共產主義思想與方法的根本問題〉，尤其第四節，我覺得是一篇極偉大的論文。

總統又說：「我總以為人生在世，特別是在此反共抗俄與唯物主義戰爭期間，無論你有無宗教信仰，亦無論你對於宗教的觀念如何，但是我們必須承認宇宙之中有位神在冥冥中為之主宰的。並且他是無時不在每個人的心中，而不待外求的。我可以說，這就是我們『天人合一』的哲理。這哲理乃是我們中華民族歷史五千年而不變的傳統精神。」（同上）這實在是十分真確的觀察，對於無神論的唯物思想簡直是一針見血！也是闡明 國父的根本思想最透澈的文字。

同時我們也要明白， 國父和 總統的信賴上天無限的力量和上智，並不是奴隸式的盲目依賴，他們相信上天造人，賦以自由意志，和能同祂合作的靈心與智慧，這些可貴的天賦，我們應該竭力把它發展，才算是上天的孝子。因此他們時常揭出「有志竟成」的明訓，來鼓勵一般自暴自棄的人們。所謂成事在天，謀事則在人耳。總之，天父絕對不會容許我們把祂所授予的聰明才智，埋沒在泥土之中的。這樣一來，天命和人力，就成了一個天

衣無縫的綜合。不相信天命，不相信成事在天，以為自己的聰明
才智可以倚恃，其流弊則是發生驕傲，驕者必敗。一味倚恃天命，
而不注重自己努力的，所謂命運主義者，會發生一種頹唐的暮氣。

也有人說，西方到現在，已把上帝置在腦後了，只靠自己的
小智小慧，前途實未可樂觀。至於無神論的唯物主義者，更不必
說了。他們既無「天道」，又無「人道」，只承認物質，簡直是荒
謬絕倫，其結果必至一敗如灰。　國父的天道觀念，一方面當然
受了《聖經》的啟示，一方面卻是同孔子孟子的信念若合符節，
簡直是徹上徹下，只是一貫。孔子說：「天之未喪斯文也，匡人其
如予何！」這是孔子大無畏精神之所自。

關於這一點，我們新近將　國父誕辰訂為中華文化復興節，
我覺得具有非常深長的意義。天之未喪斯文也，就是中國文化沒
有喪失，共匪其如予何！因為文化是一個國家的靈魂，只要不失
靈魂之國家一定有前途。孟子說：「天將降大任於斯人也，必先苦
其心志，勞其筋骨，餓其體膚，空乏其身，行拂亂其所為，所以
動心忍性，增益其所不能。」這一段的大道理，只要看了　國父及
　總統之如何千辛萬苦，任勞任怨，而上天之如何愛護他們無微
不至，便可以證實天之所以待遇有特達使命者的一貫作風了。

我記得抗戰時候，常常在牆壁上看到八個字的標語，所謂「聞
勝勿驕，聞敗勿餒」，我想別的國家，在打仗的時候，都不會有這
樣一種具有哲學意義的標語。做人也是這樣的道理，我們應該抱
著但問耕耘，莫問收穫的心理。這不是說收穫不重要。收穫自然
而然會來的。各位先生對於國家都有貢獻，不論外交上、軍事上、
任何方面，也都經過很大的艱難困苦，對於天人之間的關係，一

定有一種體會，縱不說天人合一，至少總要天人合作。

國父臨終之日曾殷勤告同信之至親曰：「汝為耶穌信徒，我亦是也。」又曰：「我乃上天的使者，其使命為幫助人類獲得平等自由。」由此可見他的治道，確係淵源於神道了。

以上僅是籠統的話，希望明日能講得更具體一點，並能將中西思想不同的地方舉幾個實例。依我的觀點，我們如要吸收西洋文化，必須先要澈底瞭解自己的文化，因為我們如果對自己的文化瞭解的愈深刻，則對於西洋文化的吸收力也愈大，而且不致發生流弊。這樣才能發揚我們固有的文化，使其日新又新，而同時對於全世界的文明也將有繼續不斷的貢獻。

今天我想先談一談目前西方青年們的一種苦悶，因為我在外國教了十七年的書，可以給大家報導一些直接或間接的經驗。拿今日美國的青年來說，他們就有一種說不出的苦悶情緒。這個苦悶的情緒，並不是頹唐的苦悶，他們總覺得自己是在那裏找一個東西，卻又不知道在找什麼？就是這樣的苦悶。

本年初春，美國佛吉尼亞州 (Virginia) 有一位教授，召集了一個為期三日的各大學學生的會議，討論目前大學青年緊張心理的因素。到會的有幾千人，差不多都是優秀份子。在會議中，將一切可能的緊張因素都列舉出來。譬如有關青年失戀的，或者家庭中的許多煩惱，如家人間相處不快樂，或者是父母離了婚，或者是經濟上困難等等，也有覺得世界不太平，社會不安寧，或者為本身將來的出路擔憂，諸如此類的問題，不勝枚舉。一位學生說：「這些原因統統都是，統統都不是。我說統統都是，是因為多少都有點關係；統統都不是，是因為這些都不是主要的因素。我總

覺得除了列舉的這些因素以外，還有一個別的東西。」另外一個學生就起來說：「這話是對的，我只覺得有一顆不可名狀的東西，在攪亂我的心神，可是我不知道怎樣來形容這個東西。」等一會又有一個起來說：「說起來也奇怪，這個令人不得安靜的玩意兒，好像是虛空無物的，但是如何才能描寫這個虛空呢？」最後大家一致認為因為這個空虛是恍恍惚惚，既不可名狀，更無從捉摸。末了有一位口若懸河的學生作了如下的結論。他說：「在我們的心靈中，總覺得欠缺空間，使我們透不過氣來。」

　　這的確是一種稀奇的現象。我們想想看，現在人類已經踏進了太空時代，有的是空間，也許不久我們就可以到月球上去度蜜月了。怎麼還會覺得透不過氣來呢？李太白在謝脁樓上作了一首詩，有一聯是「俱懷逸興壯思飛，欲上青天攬明月」，在他的時代僅僅是一個詩境。但是如今我們差不多可以真的到達月球去了，我們的確比先人幸運得多，可是青年們反而覺得心靈缺乏空間，透不過氣來，這究竟是什麼緣故呢？

　　照兄弟的看法，這種奇怪的現象，有兩個主要的原因：第一，正如柏格森 (Henri Bergson) 在他最後的一本書《道德和宗教之雙重淵源》裏面所指出的，近世紀以來，由於自然科學不斷地進步，已經使人類的手足耳目伸長到意想不到的地步。而人們的心靈生活，卻是依然故我，沒有絲毫的長進。如此一來，心與身兩者之間，愈覺不相稱。在一個極大與一個最小的中間所留的空間是個真空，而這個真空卻構成了無限的重量，壓在心頭，這樣怎麼能不發生苦悶呢？

　　第二個原因是由神學 (theology) 而來的。在本體上，天主就是

不可道之道。老子有謂:「道可道,非常道。」而天主就是常道,
也就是不可道之道,任何定義,任何形容詞,都不能用到祂身上。
這就是說你不能以有限的器皿,去測量無限的天。稱祂為道也好,
天也好,神也好,上帝也好,都是無關宏旨,總而言之,祂是無
限的,是不可思議的。因為這個天主,不僅是太極,而亦是無極。
這個無極,是玄之又玄,妙之又妙,絕對不可稱道的。人類的一
切語言或想像在無極的身上總不能適用。即使用一種名稱,也不
過是假借的類比,用來象徵或暗示。這可說是知其不可道而道之,
知其不可名而名之。

儒家的精神是知其不可為而為之,道家則知其不可道而道之,
都是出乎不得已的。莊子說得好「天地一指也」。可見對於至高無
上的道,天地也不過一指而已。既然這樣,我就不可將任何假借
的名稱作為一個大前提,用邏輯的方法,演出許多呆板的,或一
成不變的品質出來,套在天主的頭上。但是西洋的神學家就犯了
這個毛病,往往將不可道之道,勉強而道之,而漸漸忽略了其不
可道的背景,而且硬要用邏輯方法來界說他,這並非耶穌基督的
本意。

在基督教中稱天主為天父 (Our Father in Heaven),這也莫非
是一個類比的名詞而已。嚴格地說,天主是無上的神靈,超越乎
陰陽男女種種分別。祂不是父親,也不是母親,因為祂沒有一種
性別,非父非母,亦父亦母。《聖經》縱然是天主所啟示的,可是
要了解《聖經》的道理,一定要心領神會,不能拘泥文字。所以
嚴格的推理方法,無論歸納法或演繹法,若用之於現實界的因果
關係,是很適合,而且富於效果的。若是用之於天主本體和高深

的精神修養上，就不免有削足適履，膠柱鼓瑟之患。

　　因為究竟神學不能與幾何學相提並論。不幸這產生於近東的基督教，卻受了西方幾何學精神的影響（所謂「幾何學的精神」是從希臘傳下來的），而漸漸落於繁瑣化，抽象化。同時幾乎忘卻了天主的不可道性，和不可思議性。西洋的神學，在形式上，也成了一種科學，一切玄妙的成份，大部摒之於邏輯系統之外。我們不能否認理智在神學中是有它的地位的。但是如果以理智為主體，而以直覺妙悟為客體，則聖神的靈感就受到阻礙，幾乎沒有活動的餘地了。結果就是將神學變成了形式化、機械化。

　　一般年長的教徒，習以成性，缺乏研究的精神，人云亦云，並不感覺到多大苦悶。可是一般心靈活潑的青年們可不同了，他們有一股朝氣和追求真理的赤心，因此會覺得畫餅並不能充饑。而東方老莊和禪宗的玄妙哲理，無形之中對於西方的青年們，就產生了無限的吸引力。使他們認為要了悟人生的意義，必須吸收東方的精神。可惜這般青年們，平素並沒有東方人的修養，老莊和禪宗的真知和灼見，反而成了攻擊和破壞傳統宗教社會秩序的工具了。這些青年人，雖然口頭上是讚揚東方的玄妙主義，實際上還沒有逃出西洋黑白分明，非正即邪，一面倒的邏輯傳統。一般青年對於傳統神學的反抗，還是用一種西洋的方法，來擁護東方的一種哲理。

　　其實這兩個極端，一個是很保守的，就是把神學理智化、系統化。一個是把神學完全玄妙化，這兩個極端是一鼻孔出氣的。他們不知道，如果有真正的直覺、真正的妙悟，一定能將理智所建造的系統，化做方便之門，你不必去打倒他，你要打倒他，破

壞這個理智系統，就是顯出你自己沒有逃出理智的範圍。他們還是有一種鬥爭好勝的精神。一旦青年們能夠領會到我昨天所講的雙管齊下，兼收並蓄的妙諦，他們就能在溝通中西文化工作上有積極的貢獻，現在還是消極的。到那個時候，他們的心靈，就會感覺到有無限的新鮮空氣，也不會透不出氣了。

兩年前我在哥倫比亞大學神學院開一門功課，是講《道德經》。那一班學生是比較有程度的，從他們的討論和考卷中，我可以看出他們是有一些心得。他們覺得《道德經》這本書，實在是天下第一流的作品，愈讀愈有道理。這本《道德經》，第一章裏，已經把道家的哲學、宇宙觀、實在論，說得十分透澈了。這個第一章，對於我們今天的問題，就是中西的問題，也供給了一把現成的鎖鑰。我們看看：「道可道，非常道，名可名，非常名。」就是說道是根本不可道的。既然是不可道，為什麼還寫了五千言呢？殊不知《道德經》所發揮的，是專門關於可道、可名這方面的。因為道固然是不可道的，可是也含有可道的方面。不過可道一方面淺一點，而不可道一方面則深不可測。

從前白香山有一首讀《老子》後所作的詩說：「言者不知知者默，此語吾聞於老君；若道老君是知者，緣何自著五千文。」這當然是很膚淺的評論。道是不可道，我們看他後來說「無名天地之始」，就是說明其所以不可道的緣故。我們所知的，僅限於「有物混成，先天地生」而已。這是從超然獨立一方面而言的。可是從內在和相對的方面來看，道卻是萬物之母。因此，道是無名的，也是有名的。

再進一步講，道是無，也是有。無就是形而上，有就是形而

下。道是超乎有無，而兼攝有無的。所以老子說：「常無，欲以觀其妙；常有，欲以觀其徼。」道永遠是形而上的，可是我們不要忘記他「有名萬有之母」。在他的胎中，孕育著大地萬物。自無生有這一個時機，就叫做「妙」。

總統有一副對聯非常有意思：「窮理於事物始生之處，研幾於心意初動之時。」所謂始生，初動，這就是「妙」。道就是常無，這是不錯的，不過「欲以觀其妙」，就是說我們對於從無到有的一剎那，要特別注意。反過來講，道雖然也是常有的，可是「欲以觀其徼」。這個「徼」就是盡處，是終局。你說它是常有的，它倒是無時不在從有復歸於無。有到極點，再回復到無，這個是「徼」。

譬如王摩詰的詩，所謂「行到水窮處」，這就是徼；「坐看雲起時」，這就是妙。我們可以總括的說，「行到水窮處」是西方的特長，而「坐看雲起時」是東方的妙處。因為西方思想是以「有」為出發點，而東方思想則以「無」為出發點。東方的精神——尤其是中國文化——著眼就在這個妙字。

比方我們時常說「妙在不言中」或「妙不可言」。我國文學的最高境界，就是妙在不言中。西方的文藝批評，從來沒有妙在不言中這類話。他們以什麼為理想呢？是以明白曉暢，淋漓盡致，有聲有色，為其理想。所以我們中國沒有很長的史詩 (epic)，像荷馬 (Homer)、密爾頓 (Milton) 或但丁 (Dante) 的作品。最長的算〈離騷〉，而〈離騷〉的篇幅，恐怕只有但丁《神曲》二十分之一。我國最著名膾炙人口的一種詩，大多數是短篇的，所謂言已盡而意無窮。

因為我們的藝術是重含蓄的，而不重開門見山，一瀉無餘的

一種作風。所以無論講話作文，吟詩填詞，我們都要留一些有餘不盡的韻味，使讀者能心領神會，回味無窮，這才是上品。所以唐詩之中，最為後世所傳誦的，是五言與七言絕句，比方小杜的「多情卻似總無情，唯覺尊前笑不成；蠟燭有心還惜別，替人垂淚到天明。」這樣短短的二十八個字把所有說不盡的愛戀，無窮的惜別之意，都用側面的方法烘托出來。

外國的詩人很少用側面的方法，外國的情詩總是說，我怎樣多情，我怎樣愛你，你怎樣愛我，離別時怎樣傷心，不會仰仗蠟燭來替他流淚。所以外國人往往以為我們中國人是沒有熱烈的情感的。其實我們的情感太豐富太熱烈了，而且我們知道真正的愛情，與道合一，所以也是不可道的，因此不得不用一種旁敲側擊的方法，暗示我們心裏說不出的無限感慨，而使讀者的心裏也起了共鳴。

例如李太白「床前明月光，疑是地上霜，舉頭望明月，低頭思故鄉。」這是再簡單沒有了，殊不知他已將古今遊子思家懷鄉的情緒，都包括在這二十個字當中了。他並沒有說破我的故鄉如何可愛，我的故鄉還有些什麼人，我怎樣想他們，這些都沒有講，僅寥寥數語，卻能在這一千多年當中，不斷地撥動了後世讀者的心絃，到現在還是這樣。對於這首詩，國父也非常欣賞，他的評論是「妙手偶得，非尋常人所能道也。」這就是我們剛才所講含蓄的妙用。中國詩往往能以寥寥數句，喚起了千百行的西洋詩所不能表達的詩情畫意。

還有一點，也值得注意的，就是中國的舊詩，雖然格律很嚴，可是第一流的詩人，卻能在嚴密的格律中，達到自由自在，不拘

不礙的境界。所以　國父說:「或者以格律為束縛,不知能者以是益見工巧。」這又是他不偏不倚,中正和平的人生觀的表現。他的詩論是和他的政治法律思想一貫的。正如格律的嚴正,無礙於詩的創作,同樣在法律秩序之下,我們也能享受充分的自由。

現在讓我再舉一首李太白的「美人捲珠簾,深坐顰蛾眉。但見淚痕濕,不知心恨誰。」這首詩英國一個著名的華學家迦爾斯氏 (Herbert Giles) 是這樣翻譯的:

A fair girl draws the blind aside

And sadly sits with drooping head;

I see the burning tears glide

But know not why those tears are shed.

後來有一位第一流的文藝批評家,叫斯曲蘭催氏 (Lytton Strachey) 曾經做了一個很有意義的評語。他說:「簾子忽而捲起了,一剎那之間,揭開了一幅動人的圖畫,使我們的心靈,變成了一隻遊艇,在不可思議的,愈流愈廣的想像河上飄盪著。此類之詩,富於畫意,但並不是一種攝影式的記錄。他們要對於切身體會到的經驗,用微妙的粉筆畫表達出來的。」

照斯曲蘭催的看法,中國藝術和希臘藝術,可以代表世界上兩個頂峰,可是他們的作風是絕對不同的。希臘藝術是世界上最完整的 (Complete) 作品。希臘的詩,最精采的部份,大都是像很珍貴的水晶一樣,一成不變,光輝耀目,美則美矣,可惜是一目了然,看了毫無餘味。這是斯曲蘭催先生的看法,當然西洋是繼

承希臘的，所以那種一瀉無餘的作風，大概就是受希臘的影響。他說希臘的詩都是格言式的。中國詩的作風和希臘不同，中國最有名氣的詩，不是格言式的（當然格言式的也有，可是我們不會看重）。中國的詩人不希望產生一成不變的，好像水晶一樣的作品，他只要留下一個印象，這個印象不是終結印象，乃是一個無窮境界，無限的情感的起點。這個起點就是妙的意思，妙是一個起點，他所給我們的啟示，不是四角方正，整整齊齊井井有條，一目了然的，而是包圍著不可思議，只能意會而不能言傳的一種氣氛，這是中國的藝術的特點。

總之，中國的詩是富於含蓄的，而西洋的詩是長於有聲有色的描寫。中國的繪畫也是這樣，尤其山水畫，是注重脈絡、生動、神韻、氣勢、濃淡相宜，陰陽相生的一種理想，都是雙管齊下的，都是生動活潑的。中國的山水畫，沒有一幅是沒有雲霧的，可以說中國最有名的山水畫，妙處就在雲霧之中，恍兮惚兮，其中有物，窈兮冥兮，其中有精。假使沒有雲霧，沒有煙雨，作為月份牌是可以的，但不成其為山水畫。

我最欣賞王摩詰的「江流天地外，山色有無中」。這可以說是捉摸到山水畫的靈魂了，真所謂詩中有畫，畫中有詩。江流天地之外，山色是在有無之中。這種非內非外，似有似無的境界，實在是妙不可言。因為王摩詰不但是第一流的畫家，第一流的詩人，而且還深具靈性的修養，否則他不能達到這樣高妙的境界。「江流天地外」，就是使用物質來暗示超物質的境界。同樣的，「山色有無中」，是將自然的風景，作為形而上和形而下，有無之間的橋樑，也是可道與不可道之間的一種橋樑，近來西方的藝術批評家對於

我國的繪畫，極為欣賞，甚至認為是世界上「最高超和最名貴的東西」（可參考項退結所著《中國民族性研究》一書）。

我們有一句名言，所謂「文以載道」，這句話不但適用於文學，一切藝術都是以此為最高的理想。就是說要將有形的事物，來烘托和喚起靈性的境界。這也就是老子所謂的「常無，欲以觀其妙。常有，欲以觀其徼。」中國藝術的秘密，就是從這個妙的立場來觀徼的過程。再由這個徼來反觀這個妙。所以能引人入勝，就是引人由徼而入妙，由妙而入神。但是藝術家一定要達到妙的境界，才能發揮創造的能力。

再進一步說，妙與徼是同屬一道的。所以《道德經》第一章裏面又繼續說，「此兩者，同出而異名，同謂之玄。」歸根這二者，不過代表整個實在的內外兩面。其實內就是外，外就是內，是心物一體的。這就是所謂「玄之又玄，眾妙之門」。外國藝術，大部份是注重於徼的過程，也就是說注重外面的現象，光彩耀目，當然也有驚人的造詣，有時竟能達到了巧奪天工的地步。可是巧則巧矣，妙則未也。中西的分別，簡直可說是妙與巧的分別。

西洋善於用科學方法，可謂盡奇巧的能事，可惜始終沒有達到妙的境界。外國的藝術家是一味注意於有（形而下）的一方面的，他們沒想到有生於無（形而下發源於形而上）的道理。中國的藝術家是深深地植根於形而上的道，雖然也不能不利用形而下的器，在他們的靈心深處卻無時不懷念著那形而上的根源。他們的作品是從自己胸襟裏流出來的。所以人與境之間並沒有隔閡，更沒有脫節。外國藝術家受了科學的影響，始終逃不出現象界的範疇，和因果律的束縛。結果人與境越來越遠，其間好像隔了一

個深不可測，廣不可渡的重淵，其實這個重淵，是個幻想，只因他們的出發點根本錯了，要想從現象界一躍而進於超現象界，要想從外面打進內心，這是不可能的妄想。反之，中國藝術的出發點是心與道。所以他們的創作往往是一氣呵成的。

要達到「妙」的境界，必須從歸本返源做一番工夫。所謂歸本返源，卻是《易經》裏〈復卦〉的道理，〈彖辭〉裏有說「復其見天地之心乎」。現在的世界是在迷復不返的時代，危機就在這裏。我們要救世界人類，必須提倡「中行獨復」與「不遠復」的道理。《老子》也說「萬物並作，吾以觀其復。」（第十六章）能觀「復」，才能「窮理於事物始生之處，研幾於心意初動之時」，這才是妙的境界。這是中國人生哲學對於世界文化最有價值的一個貢獻。因為妙是有無間的橋樑，天人合一的要道，心物一致的秘鑰。假使一位藝術家已經達到了妙的境界，他可以儘量吸收西洋的技巧，也不至於降低他的風格，最可怕的是自己沒有達到妙的時候，就盲目地學西洋，不東不西，那就不成東西了。

在中國人的眼目中，一切莫非藝術，做人是藝術，欣賞藝術也是藝術。在西洋人的眼目中，一切莫非科學，連做人也是科學，連欣賞藝術也用科學方法。我們應該注意的是：藝術吸收科學比較容易，因為藝術是一個有機體，故能吸收並溶和外來的東西。但是科學要吸收藝術就很難，因為科學是一個無機體。若是科學吸收藝術，吸收以後，也使藝術變成機械化了。值得我們樂觀的，是本世紀第一流的科學家。如愛因斯坦、亨利波恩卡雷 (Henri Poincare) 等，都認為在科學之中要發明新的原理，也需要有一種審美的天才。還有哲學家馬理旦 (Maritain) 也是這樣主張，認為敏

銳的美感與發明真理有密切關係。

　　我想曾約農先生和曾寶蓀女士也同各位談過，西洋科學文明是從希臘精神來的。此外羅馬的法律精神，法律觀念也是一個淵源。西方人最重視的是一個「法」字 (Law)，在任何處所都是講「法」。除上述兩個因素之外，英國近代一個偉大的哲學家懷德海 (White-head)，認為《舊約聖經》對於造物主的觀念也是因素之一，造物主是正義和理性的結晶，黑白曲直，釐然分明，賞善罰惡，絲毫不爽。於是上帝成為至高的邏輯權威。這樣一來，把希臘的理性 (Rationality) 歸到上帝身上，把羅馬的法律精神用到大自然界了。

　　於此發生了一個信念，認為任何現象都受因果律的支配，而演成一套像法律一般的公例。即使在神學和哲學方面也受了同樣作風的影響。在中古時代經院學派 (Scholastic) 就用邏輯的方法，演出幾何式的原則套在神的身上，一切都被理性化了。雖然文藝復興以後，思想的重心是由演繹法轉移到歸納法，但究竟不能逃出邏輯的範圍。

　　總而言之，西洋人將上帝想像為一個最偉大的數學家，最偉大的工程師，但沒想到造物主也是一個至高無上的藝術家。人類的心力是有限的，注意到這方面，就會忽略了別的方面，近代輝煌的科學文明即證明了造物主是一個了不起的工程師，同時我們也不可忘記這個宇宙也是一個美不勝收和富於詩情畫意的藝術品。我們只要張開眼睛來欣賞大自然，就會覺得這個宇宙實在是一個天成的樂園，也可以了解造物主不但是全能全智的工程師，也是全善全美的聖靈。而且是富於優越的人情味的。祂是生命的活泉，真善美的總源，乃至人類一切的真知灼見可歌可泣的事業

莫非都是祂的靈感。因此我們的內心就可以和大自然相融合起來。

因為造物主是住在我們的心裏，是我們內心之主，我們是屬於祂的，祂也屬於我們。所以我們看見大自然，欣賞大自然的時候，若是有天地神靈住在我們的心裏，我們便會覺得這個大自然是我們自己創造的一樣。如果達到天人合一的境界，欣賞大自然，就是欣賞自己的作品。這樣一來，就不會與大自然永遠做個對敵。

我們並不要克服大自然，我們只要同它融合。這又是與西方不同的地方。因為西方注重法律觀念，於人我彼此之間，權限分得清清楚楚。由是，人世與自然界也就發生了一道鴻溝。所以西洋哲學是長於分析，西洋人的心理，在兩種東西比較的時候，是傾向於看見它們的不同點。而我們東方人，是傾向於看見它們的相同之點。西方人對於真理的推求，是講邏輯，一步一步的來推論，我們是注重直覺，妙悟。

所以西洋的哲學，著眼在於理智，十八世紀笛卡兒 (Descartes) 有一句名言，叫做 "Cogito Ergo Sum"，就是「我思，故我存」，這便是通過理智以證明他自己的存在。我們的想法可以用莊子的話來代表，就是說「有真人而後有真知」，沒有真人，就不會有真知。這就是把笛卡兒的證明方式反過來了，而主張我存，故我思。這兩個即就邏輯來講，也是莊子的對，為什麼呢？在笛卡兒的方式裏，有一個錯誤潛藏著。你看拉丁文裏 Cogito 和 Sum，主詞是沒有露面，如果翻成英文的話，就是 "I think therefore, I am"。主詞就顯露了。中文亦復如是：「我思故我存。」可見在第一個大前提裏面已經把這個「我」偷進來了。豈不是在「思」之前，早已有「我」了嗎？結果就好像一個變戲法的人，他說：「你看我這頂

帽子是空的。」後來祕密的弄一隻鴿子進去，他說：「鴿子飛出來了！」這是一種開玩笑的方式。

　　老實講，這些原始的真理，不能用邏輯來證明的，而是要用直覺來了悟的。譬如我的存在，便是一個直覺，根本不須邏輯的證明。你不要怕人家說你武斷，因為同是武斷，有些是不誠實的武斷，有煙幕彈的武斷，與其有煙幕彈的武斷，還不如明明白白的武斷好。

　　在知識論方面，我們是著重在直覺，他們是注重所謂學問思辨的工夫，這實在也是很可佩服的。我們注重的是良知良能之知，就是　總統與陽明先生所注重的地方，即「知行合一」，「行而後能知」的大道理。良知良能這個東西，包含著無窮的層次。最淺的是人人皆知的，最深的就是微妙的智慧。這智慧必須切身體驗，才能識得箇中滋味。所謂「如人飲水，冷暖自知。」這個水我喝下去，我知道是什麼味道，你不知道，我只能要你吃，不能代你吃。關於這個智慧之知，我們中國比較注意。外國因為他們的心傾向現象界，對於人生智慧並不是完全不知道，而是不太注重。

　　懷德海氏論到中國文化的時候，指出在過去中國科學所以沒有像西洋的發達，主因即在缺乏上述三個條件。但是他論到藝術、文學、人生哲學諸方面，則認為「中國的文化，是世界上最雄厚的主流，對全世界的文明貢獻，可說是首屈一指。」目前我們當然要儘量吸收科學，迎頭趕上，但千萬不可妄自菲薄，而忘掉自己的長處。

　　說來也很稀奇，歐美各國的思想界最近對於禪學發生了莫大的興趣。照日本當代的哲人鈴木大拙的看法，禪學是中國的產品，

印度絕對產不出這樣一種微妙的作風。印度文字都是長篇累牘的，是一種詰難辯疑的體裁。印度精神好像與希臘精神相近，與禪學的作風相去甚遠。禪雖然是 "Dhyana" 的譯音，性質卻完全不同。

鈴木先生認為禪的根苗是在老莊的哲學當中，禪實在是老莊哲學的發揚光大。老莊的繼承者不是清談派，也不是張道陵一派。禪學才是真正老莊哲學的嫡系。他舉出例來說，莊子的「心齋」、「坐忘」、「朝徹」，種種觀念，和禪家的頓悟，明心見性的思想，有血統的關係。照他的看法，禪是最微妙的一種哲學。而中國思想的特質，就在微妙二字。

譬如照禪宗的傳說，禪的起源是這樣：釋迦牟尼在靈山會上，拈花示眾，當時眾皆默然，惟摩訶迦葉破顏微笑，於是釋迦牟尼宣佈：「吾有正法眼藏，涅槃妙心，實相無相，微妙法門，不立文字，教外別傳。付囑摩訶迦葉。」這些都是後來中國人造出來的，也只有中國人能造出這樣的東西，所謂微妙法門，所謂實相無相，所謂涅槃妙心，不立文字，教外別傳，這在印度經典當中並無此項記載，也無此種作風。只有中國的文人才會有這樣的風趣與情調。

還有傳說達摩祖師要離開的時候，對門人說，汝得吾皮、吾肉、吾骨、吾髓的話，也是典型的一種中國思想方式，就如孟子也說過，孔子的弟子，大多數不過得孔子的一個肢體，惟有顏回，閔子騫諸人，是具體而微的。

我們的思想方式，往往是用一種有機體的象喻來表達抽象的觀念，又如禪分五家，代代相承，子子孫孫，昭穆分明，好像家譜一樣。這也是中國的特別風味。中國人是最富於歷史興趣的 (Historical-Minded)，而印度人是最缺乏歷史興趣的 (Unhistorical-Mind-ed)。所以從種種方面看起來，禪是中國的產品。而目前東方文化之在西洋，卻是以禪為最有影響。

我以為最可以代表禪家境界的，有兩句話，叫做「萬古長空，一朝風月」。我想中國人的人生觀，就在於此——萬古長空，一朝風月。長空即代表永恆 (Eternity)，是超時間，超空間的，一朝風月是代表時間的。比方唐詩中的「姑蘇城外寒山寺，夜半鐘聲到客船」，這豈不是萬古長空，一朝風月嗎？因為很寂寞的深夜，這是長空，夜半鐘聲到客船，忽而驚醒了，這就是一朝風月。

日本人之學中國可說是很認真的，有時簡直是青出於藍。譬如中國的五絕已經是很短了，而日本的俳句還要比五絕少了三個字，俳句每首只有三句，第一句五個字，第二句七個字，第三句又是五個字，一共只不過十七個字。可是好的俳句，都有無窮的含義。最有名的俳句詩人，叫做芭蕉，他有一首最有名的詩，我替他翻成中文即：

> 寂寞古池塘，
> 青蛙躍入水中央，
> ——潑刺一聲響！

這就是萬古長空，一朝風月，不過這個風月就是以青蛙為主角的。大而言之，我們中華五千年史，也不過是一朝風月。古今中外，一切歷史，一切文化，莫非一朝風月。但望諸位大家努力，把這一朝風月，演成一個豁然開朗光華燦爛的日子，俾與萬古長空融

為一體，才能像院長說的：「氣節千載一日，精神萬古常新。」我們要知道，萬古長空，絕不是消極的話，萬古長空這個「空」當中，實在有大文章在裏面。正惟有大文章在，我們對於小文章可以舉重若輕。若沒有萬古長空作個背景，就不能有很大的一種貢獻。有超世的懷抱，方能成濟世的偉業。希望各位深味斯語。

中西文化的討論

問一： 西方青年之苦悶，是否有利於共產黨之赤化世界？ 他們的教授是不是能設法挽救這個苦悶情緒？

答： 這個發問很有意思。可是你要曉得，他們的教授，如果有一種解決的方法，青年就不會弄得這樣苦悶了，其所以苦悶，正因中年時代這一般做教授的人，沒有中心思想，才使青年苦悶。所以要希望他們一般教育家來解決這個問題是不可能的。因為一般學生，尤其高材生，聽到中年一般的先生所說的話，格格不相入，其苦悶就在此，中年的教授們很多是左傾的、唯物主義的。因為共產主義在西方的魔力，正在這一批教授讀書的時候（二三十年以前）達到了最高峰。目前這個魔力，已經逐漸消逝了。所以當今青年們的思想則較為深沉切實。他們並不左傾，可是也不右傾，但覺得左右為難，皆非安性立命之處。同時又找不到一個究竟，因此而發生苦悶。我敢斷言這並不會有利於共產黨之赤化的。依我的看法，青年是在找向上的新路。

問二： 長此以往，其結果如何？

答： 講到西方青年的苦悶，我認為經過這個苦悶之後，他們自己會打出一條血路來的。我所謂血路，不一定是戰爭，乃是包括內心苦痛和奮鬥。一個人不經過極端的痛苦，好像沒有明天一樣，就不會澈底覺悟。所以我覺得青年這樣的苦悶，還是一個可以使我們樂觀的現象，他們自己會打出一條路來。比方美國，在四十五年前我讀書的時候，他們對於東方人的觀感，簡直是膚淺極了，尤其老太太們，她們常常這樣問：「你們有沒有抽水馬桶？」我說「沒有。」她說：「你們中國平均幾個人有一部汽車？」我說恐怕要十萬個人，她們便認為我們簡直落後得很，野蠻得很。這樣一種情形，使你非常難堪。

到本世紀的中葉，我去教書的時候，我就沒有看見過一個美國青年對自己的國家覺得很驕傲的。有一次我就鼓勵他們，我說：「你們美國究竟是一個很上軌道的國家，民權和民生的問題也解決得很好。」這是一個夜間班的法科，大概晚間上課的人，年紀都比較大，有經驗也有職業。有一個學生就說：「吳博士，恐怕你不知道美國的情形吧！」我說：「美國的情形怎樣？」他說：「你知道不知道？ 我們現在弄到這樣地步，要派警察到中學堂，站在兩個講堂門口之間。」我說：「站在那裏做什麼？」他說：「保護教員。」我說：「教員在學校裏為什麼要警察保護呢？」他說：「弄得不好，學生不滿足，他會刺你一刀。」我說：「你也不必過甚其辭。」他說：「我的話一點不假，警察還是我自己親手派的！」原來他是一個分局的局長。我說：「好了，好了，你們也不必少見多怪，這些事情

我也承認，不過我要問你，假使我以中國人的資格（我向來沒有入美國籍），在莫斯科教書，討論俄國的政治情形，你們聽課的人還能這樣自由地說話嗎?」他們全體學生說：「那是不可能的。」我說：「那就已經夠了，你們既然還可以自由說話，你們對於社會的情形，國家的情形，不論怎樣不滿，你們將來出去還可以努力改造，要是改造不好，是你們自己未盡責任。」總而言之，在現階段裏，我沒有看見一個美國青年看不起東方人的，說是「我美國比你們好的。」所以我覺得很詭異，前半個世紀是那樣，後半個世紀是這樣，完全兩樣。我對美國所抱的希望，也就是在於他們青年方面。

問三： ㈠中國天的觀念與西方神的觀念，二者有何區別? ㈡中國文化，除儒家思想以外，是否應包括諸子百家? ㈢西洋一般人士，重視權力，勝於正義，不過今天並非在價值上如何認識我國固有的文化的問題，而係在行為上，方法上，如何保持我國固有文化的優點，同時接受西洋文化的優點，把他們由理論到實際的一套東西完全吸收過來，對於這個問題，請你指教。

答： 我先把價值問題討論一下： 我在預備演講的時候，剛巧毛振翔神父到我那裏來。他和中外人士接觸得很多，所以我就問他說：「我要講中西文化之比較，你看看有什麼分別?」他說：「剛剛前幾天有一個人講到，說我們中國人要探聽其他一個人怎樣，先是問這個人的『人品』好不好，外國人第一句話是說: "How much is he worth?"（他身價值得幾個錢?）這和你所講的權力和正義差不多，因為錢也是權力之一種。大概毛神父與你所講的，也有一點伸縮性，不是說西洋人個個如此，也不能說中國人沒有一個勢利的人，不過從一般而論你們的觀察是對的。

這種情形是從什麼地方來的呢? 就是從十九世紀以來，他們就講功利主義，後來美國還有"Pragmatism"（可譯為實效主義），乃至唯物主義 (Materialism)。歸根說起來，功利主義可以說是唯物主義者的先鋒隊，已經替他們開了一個門路。他們為什麼這樣重權力和金錢呢? 大概因為西方國家林立，無論在國際間或在國內，生存競爭太厲害，因而鉤心鬥角，在所不免，尤其歐洲，同從前我們的戰國時代一樣。雖然他們有宗教，而宗教和實際生活也隔閡了，好像宗教只有禮拜天去做禮拜，和日常的生活似乎漠不相關的，這也是從功利主義而來的。

關於儒家的問題，你所講的我非常同意。不過我所用的「儒家」二字，並不限於漢儒，宋儒，乃至明儒，清儒，我所謂儒家是指孔子原來的道理。我認為孔子的本來面目，實在包含著不少的道家成分。即如《論語‧泰伯》一章:「泰伯其可謂至德已矣，三以天下讓，民無得而稱焉。」這就是所謂「為而不恃」（《道德經》第二章）的意思，而且這裏所謂「至德」是一種陰德，也同老子的「玄德」一樣的。還有「巍巍乎舜禹之有天下也，而不與焉。」這「不與」就是「功成而弗居」的意思。《論語》裏有許多地方，是有道家的意味的。可是我和你同意，儒家二字，不宜用以代表整個中國文化。不過孔子比其他學術領袖的吸收力要大。

我以為孔子的偉大，就在這裏，他是述而不作的，他自己做

的也只不過一部《春秋》，他的偉大就在樂道而無我。他愛中國的文化愛到這樣地步，幾乎和他成為一體了。這樣，他自然不用自作聰明地來獨樹一幟。所以他大部份的注意力，是放在研究固有的文化，溫故而知新。

在固有文化當中，譬如經書當中，老子《道德經》一派的哲理，早已種了根苗，即如舜傳天下給禹的時候，和禹說的話，是發於至誠，不是後人所能捏造的，他說：「來禹！降水儆予，成允成功，惟汝賢。克勤於邦，克儉於家，不自滿假，惟汝賢，汝惟不矜，天下莫與汝爭能，汝惟不伐，天下莫與汝爭功……。」試看《道德經》所說：「不自伐，故有功，不自矜，故長。夫唯不爭，故天下莫能與之爭。」（第二十二章）又說：「衣養萬物而不為主。」（第三十四章）這些話豈不是發源於《尚書》的嗎？又如《易經》裏講的「滿招損，謙受益」，《道德經》裏精采的地方也不外乎此。

不過《道德經》最奇特的地方，為別的古書，乃至希臘哲學，印度哲學所沒有的，是在他有系統地抬高女性。他所貴重的是陰的柔的，「玄牝」、「萬物之母」、「守其雌」、「食母」、「大國者……天下之牝」都是崇尚女性的表示。

我覺得儒家和道家，都是得力於《易經》，可說是平分乾坤。儒家的理想可用乾卦作其象徵，故曰：「天行健，君子以自強不息。」道家的理想，則寓於坤卦之中。故曰：「地勢坤，君子以厚德載物。」一個完全的人格，必須把乾坤之道，兼而有之。這是我一點愚見，供各位參考。

關於神與天的問題，我們第一就要承認：凡是人們所講的至高無上的道，不會有兩個，我們所指的是一個好像代數中的 X。這

個至高無上的，你叫他上帝也好，天主也好，道也好，都是同一個。當然人們對於那同一個 X，不免有不同的觀念。但是，這些不同的觀念，實在是並行不悖的。至於神性的人格化，也是一種方便而已。其實這個 X 所謂至高無上的東西，你叫他東西或 X，這就已經著了痕跡了。既然如此，還不如稱他為 "PERSON"。因為我們的言語當中，最尊貴的還是 "PERSON"（人格）。其實所謂天，是超乎人格與非人格之上的，所以可以用 "HE"（他）也可以用 "IT"（它）（都是大寫）。

我本人是一個天主教徒，不過在我自己的教內，也覺得大有吸收東方對於道的不可道方面和玄妙主義之必要，這樣才能把 "GOD" 的一種觀念完成。但是這個問題非常之大，我們所急切需要的，只須領悟「上帝臨汝，無貳爾心」，也就夠了，使道德有一個形上背景也就好了。這恐怕你們也贊同的。昨天晚上我看到周林根先生的《中國古代禮教史》裏面，論到神道為禮教之本，我覺得極有見地的。這本書是值得研究的。

至於如何吸收西洋文明，我覺得也是非常重要的問題。你剛才提到張之洞「中學為體，西學為用」的口號。我以為這把問題弄得太過簡單化了。我們要曉得，文化不是死的東西，一似中國文化在這裏，西方文化在那裏，只等待我們去配合一下。文化是在我們的心中，是以人為主體的。我是中國人，我心中自有權衡，到外國去學外國東西，見到好的品質，我都要吸收，並沒有一種什麼為體，什麼為用的成見，橫在胸間。

要知道，西洋文化也有體有用，中國文化也有體有用，兩者都是一個活的東西。對於活的東西的配合，只有事在人為，自己

去身體力行，才能洞悉好醜，知所抉擇。我想這種辦法倒是澈底的中國辦法，並不是一種抽象的辦法。當然在任何事上，我們不要忘記「道」與「器」的分別，和它們相互間的關係。不過我們也不能武斷的說中國文化完全是道，而西方文化完全是器。

講到家族的問題，我很有一種感慨。我從前以為外國，尤其美國人，都是個人主義，好像連父母親都不認的。我這次在美住了十七年工夫，看到許許多多的美國朋友，尤其愛爾蘭人。因為所謂美國人，沒有一個是真正原始的美國人，是把各方的民族合起來的，我看愛爾蘭是最孝順母親的了。我不知道看見過多少中年的人，有四十幾歲還沒有結婚，我問他為什麼不結婚，他說他還有一個老母在家裏，他要服事老母，結了婚以後，設立了小家庭，恐怕這個老母要遭受無限的寂寞，像這種例子很多。

同時在我們中國人方面，我聽說在夏威夷的華僑中曾有這樣一樁事，兒子很有錢了，做了老闆，起了一個很大的公寓房子(Apartment House)，他的父母也是他的房客，他們房錢付不起的時候，居然收到他兒子的律師的一封信，催他們馬上付房租，不然即須搬出去。這樣的不近人情，在美國人士中，也傳為笑話，這是前年聽到的事。

我所最為恐懼的，就是我們的青年聽到，或者在電影、電視上看到外國人一個很局部的生活情形，以為可以代表全盤，於是貿然效尤，效尤的結果，簡直不成東西了。這樣一來，令我很耽心事。

我們要懂得一個文化，率性連根都懂，好處壞處都懂。尤其像美國這個國家，出了壞事，所有報紙，封面都登出來。譬如離

婚的事情，時常在報紙上大登特登的。因為登這種新聞，可以激增銷數。依照統計，大約每四個婚姻，有一個離婚，可是大眾所聽見的就是這不幸的一個，對於其他三個美滿婚姻，人家夫妻如何甜美，如何合作，就不會登出來了。事實上他們的家庭生活，也不是沒有可佩服的地方。

我們要研究一個國家，最好是澈底的研究。譬如家庭教育也是這樣。的確美國幼年犯罪的事是很多，這些幼年犯，大部分也不是從小沒有人管，而是父親或母親從小嬌養出來的。他們對小孩子，都是非常客氣。一個小孩子的心理，你如果百依百順嬌養他，他一定是不會滿意的。他不守規矩，你不打他、不罵他，他於潛意識中認為你不愛他，不過當他是一只喜歡的狗，不是當他一個人看待。

所以在幼年犯罪鬧得很厲害的時候，有幾個美國人問我，為什麼唐人街沒有發生同樣的事情？我說我們中國人待遇子女，沒有像你們那樣寵愛，我們是把他當一個人看待，比方在做生意的人家，很小的男孩和女孩，已經在家庭裏大家幫忙，大家合作，也會做生意了。這樣一來，這個小孩子雖然忙一點，苦一點，他自己心理上覺得我是一個人，我還是有點功勞，維持這個家庭。不過這個事情什麼人都不能武斷地答出到底是什麼理由。我想你的問題很長，我只能簡單地回答。

問四：或謂中國無宗教，此種說法，當然係對宗教作一種嚴格的解說。關於此點，對於中西文化異同，有無影響？

答：我認為廣義地講，我們是有宗教的，我們是有宗教信仰的。任何一教，終歸都相信天道，賞善罰惡，《易經》上說：「積善之家，必有餘慶，積不善之家，必有餘殃。」這不是宗教嗎？像從前的城隍廟裏也有一種匾額，所謂善有善報，惡有惡報，這不是宗教嗎？孔子也是以天為出發點的。所謂「天命之謂性」，孔子時候這「命」是含有道德意義的，與上帝的「誡命」差不多，絕對不是命運的意思。命運之好壞，和保養天性（即天命）是風馬牛不相及的。孟子說：「君子所性，雖大行不加焉，雖窮居不損焉。君子所性，仁義禮智根於心，其生色也睟然見於面，盎於背，施於四體，四體不言而喻。」這就是「天命」，也就是最純粹的宗教信念。

問五：希臘哲學、羅馬法治精神與猶太的宗教，同為西洋文化的根源，宗教既為西洋文化主要的根源，相對地是否中國文化中宗教的色彩比較薄弱？是否影響於中西文化之不同？

答：我想並沒有薄弱。比較起來，西方宗教觀念有點點功利化。不過功利化的宗教，不能代表其本來面目。

問六：西洋宗教家對於神的存在，其原理如何？

答：關於神存在的原理，在亞里士多德時代就有了。亞里士多德也相信有神 (God) 的存在。而且提出一個邏輯的證明，他說神就是萬有的元始總因 (First Cause)。因為照因果律來說，任何事情都有一個因，那麼這樣一個廣大的宇宙，必定會有一個總因的，

所謂神 (God) 就是創造的因。還有一種證明是屬於目的論的，認為宇宙的存在，決不是偶然的。還有一種證明，是憑著美感的。我們只要一看大自然的美妙，和宇宙秩序的完全，就會了悟冥冥中必有神靈為之主宰。還有從人性之良知良能，而推斷必有天命。這是倫理的證明，其他證明，不勝枚舉。不過我認為神的存在的信念，是建立於直覺之上的，不是理論所能澈底證明的。總而言之，這些證明，不過是給你一種理由，使你的信念愈益堅固，不是給你一種具有強制力的結論。

你說你不是個神學家，我也何嘗是呢？我只知道現在一般知識分子對於神的觀念，比較近世紀似乎進步了。近世紀的人士，因受了自然科學的影響，把天主當作一個超然獨立的造物主，祂既創造了天地萬物，便一勞永逸，對於創世以後的發展，一任因果律去支配一切，而祂不復加以任何干涉。所以從前西方人對於東方神道觀念——就是相信神道瀰漫於自然界——往往認為是泛神論，不復是有神論了。

但最近西方發生一個新的趨勢，叫做 “Panentheism”（可譯為徹上徹下的有神論）。這個名詞係指一個學說，即謂在不消滅一切個體的獨立存在的情形之下，神是瀰漫於世上任何事物之中。這就是所謂神的內在性。不過這個內在性，也並非絕對的。此為這個學說與泛神論的分界。因為神雖瀰漫於全世，祂的神性，卻未埋沒在宇宙中，而是高出於世界的，是超絕的。因此，雖然受造者是依靠於造物者，但是造物者卻並不依賴受造者。所以神是一切萬有的最高的統一原則。依這個學說，宇宙還是繼續不斷在創造之中，即一草一木也莫非是天主生命力之表現。天主是無所不

在的，尤其是在聖哲的心中活躍著。

這使我聯想到我國禪家中所謂「雲門三句」：

涵蓋乾坤，
截斷眾流，
隨波逐浪。

第一句是相當於神的瀰漫性，第二句相當於神的超絕性，而第三句係指達到了天人合一以後，我們方能從心所欲，看風行舟，隨緣濟世，而中不失主。

問七：　美國基督教協會主張承認無神論的共匪，吳先生看法如何？

答：我本人是一個天主教徒，對於反共的政策，當然比較是一貫的。不過我不願意對基督教徒加以任何批評。因為基督教有許許多多的分會，據說有一二千個。什麼人都可以創立一個會。做牧師的資格，也有寬的，也有緊的，對於宗教道理的解釋是不統一的。教理既不統一，難怪對於社會問題更不能有一致的見解。

有些教友很天真地以為只要能同共產黨相接觸，一定能說服他們。這樣的素樸情緒，全無政治經驗，和學術素養，往往會唱不切實際的高調，而於無意之中對於天下國家的事情，危害很大。不過我覺得美國近八十年來傳統政策的主流，反共是沒有問題的，姑息主義也是不容易抬頭的。

問八：西方的法律與宗教，不能防止其道德之墮落，我
國的禮教亦日在腐化之中，長此以往，其將伊於
胡底。

答：我看一部份責任是在於負宗教職務的人，一部份神父、
牧師，他們對於宗教的認識太膚淺，結果一般智識階級就看不起
他們所代表的宗教。我屢次同他們說，假使我們天主教方面，能
把我們的真正傳統發掘一下，我們也會發覺十分玄妙的道理蘊藏
在裏面，能與佛教、道家玄之又玄的微妙的道理，互相發明。

這些玄妙道理，在古來天主教聖哲的著作中，就有不少的發
明。只是近世因科學文明的畸形發展，遂使大段的精神遺產受到
忽視。於是在教堂裏講道時候，講來講去，終歸是帶著功利主義
的色彩。多以天堂地獄為行善棄惡的主要動機。

這樣宣傳在青年方面聽起來，覺得很討厭。因為青年總是有
崇高的理想的，他們覺得為善即是天堂，作惡即是地獄，不必用
利誘恐嚇的方法來做外在的制裁。其實精神生活最高的境界是天
人合一，不容有絲毫的功利思想存乎其間。這也是耶穌教義的微
旨。

目前西方有許多青年，對於東方的人生智慧，倒覺得津津有
味。前幾年我在哥倫比亞大學的宗教系開了一門功課，為研究生
講說《道德經》。他們屢次表示驚奇說：「這不就是《新約》的精
義嗎?」他們通過《道德經》的啟發，對於基督的教義，竟得到一
個更深一層的了解。

我想凡是真理總可互相發明的。《聖經》裏說：「吾人沐浴靈

光內，眼見光明心怡然。」（第三十六首）照我個人的經驗，我越研究儒釋道三家之經籍，對於天主教義的了解和欣賞也越深入。同樣，我越研究天主教義的玄妙部分，也越明瞭孔孟老莊和禪家的真知灼見。因此我對於人類的將來，並不悲觀。我相信東西文化的交通，最能引導人類踏進向上的路徑。我並不否認在現實的過程中，不免有許多的阻礙和苦痛。不過，我們如果徹悟「煩惱即菩提」的大道理，即在危難，亦有至樂。

問九： 我國援助其他國家之農耕隊，是否可以同時負起文化傳播的責任。

答：一種實際的運動，也有種種困難，這些地方我沒有想到，不過照我看起來，農耕隊是很好的。當然文化這個東西，不是像一包月餅隨便可以送給人家的，這是要經過我們同他們接觸，大家實行起來。要馬上給他們是不可能，因為文化的傳播不能光是用手用口，除口到、手到以外，還要腳到、眼到、耳到、心到才行。這就須要比較悠久的時間。不過這個運動我覺得於己於人，都是有益的，並且是具有深長的意義的。

因為十幾年來，我們復興基地的臺灣在經濟建設方面的成就——尤其在農村方面——已經引起了國際深切的注意。因而本著「己立立人，己達達人」的原則，近年我國對外更有技術輸出的項目。據我所聞，我們在非洲各國的農耕隊已創造了奇蹟，使許多不毛之地變成了綠洲，而有豐富的收穫。農耕隊不僅具有嶄新的農業技能，而且也攜著中國傳統的勤勞美德和合作精神，因而深獲當地人民與政府的重視與讚揚。這樣就會於不知不覺之中，

傳播我國的文化精神。我但希望今後還能精益求精，在農業技術人員出國受訓之際，似乎還可加授有關中國文化的基本課程，這樣不但於自己的生活內容，將更形充實，而且於立人達人的工作上，也一定會有更進一步的貢獻。各位以為如何？

正義的探討

五十五年六月六日
對國立政治大學法律學系全體同學主講

劉校長、張主任、各位同學：

　　這次應邀來到貴校對法律系全體同學演講，主要是因為劉校長與丁教授對我的謙和與禮讓，使我不能不答應他們的要求，然而答應了以後，又懊悔起來，因為我現在住在自由之家，既乏書籍可資參考，又沒有好好的書桌可以準備，只得匆匆忙忙地打了一番腹稿，結果是不堪簡陋，所以還要請校長及諸位同學多多原諒！

　　因為你們都是學法律的，你們應該知道法律的最高理想是「正義」，"Justice"，也就是「公道」，或「公平」，不過用「正義」二字說明 "Justice" 的意義似乎是更為確當。我們學法律的人，為什麼要學法律呢？有人說是因為其他功課學不好，才學法律的，其實法律是一門極高尚的學問，你們要學法律，必須有科學的頭腦，健全的道德觀念，崇高的人格，以及審美的天才，這樣去學法律

才可以成功。你們千萬不要看不起自己未來的職業，法學是一個神聖的職業，是以正義為它的最高準則的。

不過「正義」並不是單純的原素，它的觀念很複雜，含義也很豐富，它是含有「真」、「善」、「美」三種成份的。

我們先談「正義」與「真」的關係，例如人家沒有犯罪，你們硬要說他犯罪，這就是不公道，沒有「正義」，所以無論民事、刑事案件，都應該先把事實弄清楚，才可以加以判斷，否則事實明明是錯誤的，要是張冠李戴，那就不公道了。於此公道和「真」的關係，其密切的程度，可以想見了。關於「真」這一點，無論在心理學方面，物理學方面，或者醫學方面，因近代科學文明，日有進步，求真的方法，越來越高明，所以它們對於正義，都有相當貢獻的。比方說：有一個孩子，究竟是不是你生的，甲說甲的主張、乙說乙的理由，但過去因缺乏「正確的標準」，所以皆不大可靠。現在醫學上，已有相當可靠的方法，證明血統的關係了。法律也逐漸把新的方法，採取作為證據了。又如今日在美國為測驗司機是否有醉酒開車的情形，特地發明一種「醉酒偵察器」，以便偵察司機血液中的酒精成份，若是測出的酒精成份很高，那麼事實俱在，當然沒話說了。至於司機的速度有否超越規定的標準，也可以用雷達測得出來。當然他也無話可說。吾人時常認為二十世紀是心理學的世紀，對於法律證據的搜集及衡量，也有很多方面的啟發及貢獻。總之，求「真」的工具愈來愈進步，則法律也是愈來愈進步，這主要是因為「真」是支持「公道」或「正義」的。這樣看來「真」豈不就是「正義」的基礎嗎？

其次講「正義」與「善」的關係。「善」雖與「真」不同，然

而與「正義」也是有重要關係的。「善」雖不是「正義」，卻靠「善」來發揚光大。究竟法學是個社會科學，而不是自然科學之一種。因為法學除求真外，還要注意「價值」的成分和權量利害關係的問題。因此法學實在要比自然科學複雜得多。換句話說，我們除了重視因果關係外，還得講求「價值」同利害的輕重問題。比方前幾年，在美國有一件很有意義的案子。警察早已知道某人是個做嗎啡生意的人，有一次想去抓他，當警察剛剛走到那人的住宅的樓梯口時，看見他的桌子上正好放置著兩粒嗎啡，那人急中生智，遽然將這兩粒嗎啡立即吞下以圖消滅證據。這時警察頗感困擾，因為證據沒有了，連忙把他帶到警察局，用一個打氣筒，把他吞下的兩粒嗎啡吸了出來。至此，物證確鑿，於是呈送法院，在第一審被判徒刑。後來這個案子一直打到華府聯邦最高法院，竟然發生了所謂人權保障問題，因為這兩粒嗎啡是經由警察人員的不合法手段所取得的，不能視為正常的證據。而且最高法院的法官們認為此風不可長，單憑警察片面說明，殊不足以採信。經評議結果，竟然將那件案子發回更審，結果是判決無罪。我舉這個例子就是要說明「正義」的擁護，不但要有「真」，而且還要有「善」，因為司法人員若是以不「善」或不道德的方法取得證據，也是法律所不容的。至我國《書經》裏面，已有「與其殺不辜，寧失不經」的名言，這就是權衡輕重的結果。講到「正義」與「善」的關係，實在是非常微妙，也是法理學中最難解決的問題，這就是所謂法律與道德的問題。須知法律不能以強制的方法來執行道德，同時又不能把道德擯絕於法律之外。法律失去道德的成分過多，就形成了不道德，不近人情，沒有進步的可能。

　　另一方面，法律如果把道德成分全部攝收了，結果也會到不近人情的地步。例如我國的舊法制中，是沒有純粹的民法的，從《唐律》到《大清律》無不如此。比如依據《唐律》規定，欠債不還的人除依約責以歸還外，還要科杖廿板，這就是因為當時的統治階級把法律過份地道德化的緣故。從漢朝到清末，中國的法制是建築於變相的儒家和陰陽五行的宇宙論之上。他們把道德當作陽，而把法律當作陰。若是將法律與道德放在一齊，便成了一個陰陽面，陽是高貴的，陰是卑賤的。在這種理論下，民法當然無法發展，所以我們倘使把道德與法律過分地併為一談，結果自然兩不像了。記得《唐律》中曾規定父母死後要是在三年之內夫妻生小孩子的話，那麼便要依法科刑。這是因為父母既死，夫妻是不容作樂的。這種規定，迄至明朝，才加以取消，因為明太祖認為太不近人情了。準此，當可說明「善」在法律中的地位固為重要，但法律不能與道德混為一談。

　　可是，法律也不得與道德絕對分離，因為那樣一來，便不是法律了。像我國古代的法學家商鞅及韓非之徒，皆認國家權力為法律的獨一無二的淵源，絕對不承認在制定法律以外，還有所謂自然法的，因此把仁義、道德、詩書、禮樂等認為危害公共秩序。這樣偏激的主張，結果不但不道德，而且落於刻薄寡恩，作法自斃的終局。他們的主張，是違反天理，不近人情的。所以雖然能致富強於一時，結果還是一發如雷，一敗如灰。所謂「法家」實在是真正法治的罪人。使後來的人聽到法律就感頭痛，也看不起學法的人，所以一直到了清末，還沒有律師這門職業，所有的刀筆，都不能在法庭露面，這就是受漢朝陰陽說法的影響。試想他

們從前把陽視為高貴的一面，而把陰視為黑暗的一面：所謂太陽是陽的，月亮是陰的；春夏是陽的，秋冬是陰的；男人是陽的，女人是陰的；道德是陽的，法律是陰的；於是發生了種種不平等的觀念，男女的不平等不用說，就是道德與法律，也成為主與奴的關係了。大家都知道我國現行《刑法》第一條規定：「行為之處罰，以行為時之法律有明文規定者為限。」這是一個健全的原則，其目的在乎保障人民的自由。這個原則，和我國舊法典裏所規定的「諸不應為而為之者，杖四十」不可同日而語了。在現代的新法制之下，法律與道德，不復是主與奴的關係，乃是在平行線上分工合作的關係了。

　　其次，我們再看現行《民法》第一條的規定：「民事，法律所未規定者，依習慣，無習慣者，依法理。」又同法第二條的規定是「民事所適用之習慣，以不背於公共秩序或善良風俗者為限。」民法裏，往往把善良風俗和公共秩序這兩個標準並提雙舉。善良風俗就是民族道德生活的結晶，足見道德為民事責任的一個重要淵源。刑事責任雖然以法律明文規定為唯一淵源，可是在量刑方面，道德也是一個有力的因素。總之，法律與「善」的關係，非常密切，同時也極其微妙。所以法律與道德好比夫妻一樣，不能容一方的人格被抹煞。反之，應當求其調和一致才是。

　　現在再講「正義」與「美」的關係，其實「正義」就是「美」，而「美」也就是「正義」。所謂「美」也就是「平衡」。譬如繪畫，濃的應該濃，淡的應該淡，這樣顏色均勻，才是一幅名畫。反之，不和則不美。同樣，《論語》裏載著有子的話說：「禮之用，和為貴，先王之道，斯為美。」這話也可以適用到法律上去的。「美」

與「正義」的關係，實在是最密切的。吾人研習法律，應當知道「正義」是以「真」為基礎，以「善」為目的，而以「美」為本質。因此，我們可以說，法律乃是非常高貴的學問。正義的「美」是不能用言語來描寫的。記得古代有位宋玉，形容一個理想的美人有說：「增一分則太長，減一分則太短，塗脂則太赤，施粉則太白。」這個說法充分地烘托出「美」的理想。

一言以蔽之，不外乎恰到好處。作法官的，對於量刑的標準，也應該用藝術的靈敏感覺來衡量。斟情酌理，務使能恰到好處。當然「美」是一種藝術，我們必須要用自己的智慧和審美眼光去仔細衡量，然後才可求得理想的公平。

諸君皆是讀律之士，將來前途無量，你們應該知道法官是第一流的職業，若要做一個法學藝術家，則更要有科學的頭腦（真），道德的修養（善），以及欣賞美的品質（美）。大家如能具備「真」、「善」、「美」三種條件而從事法學工作，則「正義」必可伸張，殆可斷言。最後，各位如有問題，希望提出，以便答覆，如無問題，就此謝謝各位了。

——丁道原筆記。

國父思想之綜合觀

第一節　匠心獨運

　　國父在《中國革命史》裏說：「余之謀中國革命，其所持主義，有因襲吾國固有之思想，有規撫歐洲之學說事蹟者，有吾所獨見而創獲者。」❶這是　國父自述其三民主義的三個淵源。籠統而論，似乎民族主義中，以因襲固有思想者為多；民權主義中，以規撫歐美之學說事實者為多；而民生主義中，則以　國父自己的創見為多。但是仔細研究起來，我們可以看出　國父的全部思想，都含有三個淵源。進一步說，所謂吾國固有思想，和歐美的學說與事蹟，都是　國父思想的材料與參考，而其最主要成份還是他自己的判斷力與創作力。　國父高瞻遠矚，匠心獨運，憑著他先知先覺的聰明，貫通中西的學問，按據我國人民的需要，創造了一個順天應人，適合時代與國情，而具有活力的思想體系。關於這一點，邱有珍先生在他的《國父思想》一書中，也說：「　國父所

---

❶　《國父全書》（國防研究院印行）一〇四二頁。

因襲吾國之固有思想，乃是從『返本』中去『開新』， 國父所規
撫歐洲的學說事蹟，又正是一種從『會通』中去求『超勝』。……
其所謂『開新』與『超勝』，就是他的獨見與創獲。」❷兄弟覺得
這話實有見地。

　　即就民族主義而言，雖說是因襲吾國固有之思想，不過因襲
之中，也含有用弘取精的一番審擇功夫，絕對不是盲目的因襲。
　　國父自己也說：「蓋民族思想，實吾民所遺留，初無待於外鑠者
也。余之民族主義，特就先民所遺留者，發揮而光大之，且改良
其缺點。對於滿洲，不以復仇為事，而務與之平等共處於中國之
內。此為以民族主義對國內諸民族也。對於世界諸民族，務保持
吾民族之獨立地位，發揚吾固有之文化，且吸收世界之文化而光
大之，以期與諸民族並驅於世界，以馴致大同。此為以民族主義
對世界之諸民族也。」❸

　　像孔子一樣， 國父是聖之時者。孔子雖曰「述而不作」，實
則述中有作，譬如他說「好古敏求」，又說「溫故而知新」，可見
他並不是泥古不化，不識時務，乃是善用古人，所以能夠推陳出
新。 國父所說「用古人而不為古人所惑」，❹也是與孔子同一作
風。況且 國父更將先民之所遺留者發揮而光大之，且改良其缺

---

❷　邱有珍，《國父思想》六至七頁。

❸　《國父全書》一〇四三頁。參考宋晞，〈中國文化對世界的貢獻與影
　　響〉（國防研究院印）。

❹　《孫文學說》第三章，見《國父全書》一〇頁。 國父說：「如能用
　　古人而不為古人所奴，則載籍皆似為我調查，而使古人為我書記，多
　　多益善矣。」這可稱為讀書三昧。

點，所以他的民族主義也包涵了許多獨見與創獲。

就民權主義而論，民權思想與制度，固然在歐美近代特別長進，所以「不可不取資歐美」。❺但　國父的民權主義，也不是完全規撫歐美的。　國父也曾明白指出，民權的根本思想，早在我國的經書裏埋伏了根苗。　國父的民權思想，得力於《尚書》與《孟子》的地方，似乎特別深切而且多。再如《五權憲法》的理論與制度，是由孟德斯鳩之三權鼎立說，和我國固有的考試與糾察制度，融會而成。我認為《五權憲法》是一個最有建設性的創作。　國父當時看到歐美三權制度的流弊，而且讀到西方的政論家的批評。譬如美國哥倫比亞的政治學教授巴直氏在他的名著《自由與政府》那本書裏，就認為美國憲法中的三權是不夠用的，他的理由是彈劾權不宜歸屬於立法機關的，他主張把彈劾權從國會中拿出來，而成為第四權，會同立法權、司法權、行政權，成為四權分立。巴直氏並且說明中國御史之彈劾權是自由與政府中間的一種最良善的調和方法。❻至於中國考試制度，也受許多外國學者的讚賞。　國父認為從前中國的考試，雖然其所考的科目範圍太狹窄陳舊，但是就制度而論，考試權是治國家所不可少的。他說古時中國的根本法中也只有三權。第一個是君權，包括行政、立法與司法三權。第二個是考試權，第三個是彈劾權。❼他接著

---

❺　《國父全書》一〇四三頁。

❻　《國父全書》一六四頁。請參考張益弘，《孫學體系新論》中冊二九五頁。又見林子勛，〈國父論美國文化〉，刊在《孫文主義論集》一九三至二〇三頁。

❼　《國父全書》一六四頁。

又說：「這三個權裏頭的考試權，原本是中國一個很好的治國制度，也是國家求賢的一件嚴重大事。從前我國各省舉行考試的時候，把試場的大門都關上，並加上封條，監視和閱卷的人，都要很認真，不能夠通關節、講人情。大家想想，這是何等嚴重的大事。……說到彈劾權，中國在君權時代，有專管彈劾的官，像唐朝諫議大夫和清朝御史之類，就是遇到了君王有過錯，也可冒死直諫，這種御史是風骨凜然，非常的梗直。……那些諫官各有風骨，能抵抗當時君主。由此可見中國歷朝設立御史臺諫的官，原來是一種中國很好的治國制度。」❽

國父的五權憲法是參酌中國古制的三權，和西洋現代制的三權，而成為五權的分工合作。五權憲法，好像一部大機器，裏面的小部門和零件，都是有來歷的，有所取法的。但是整部機器的構造，卻是一個大發明和大創作。現在五權憲法已經實施了好幾年了，五院各司其事，整個政府行動靈活，可見這個發明和創作，是具有實際性的。這實在是　國父對於政治學的一個大貢獻。

還有政權與治權之分，也是一個極有價值的新發明。外國也有很公正的學者，認為這個發明不但對於中國的政制是一個貢獻，就是對於政治學本身，也是一個重要的啟發。❾又如中央與地方之均權，也是政治學上一大發明。世界各國的政制與政論，不是偏重中央，便是偏重地方。以中央為主的，其剩餘權在憲法中必歸之於中央；以地方為主的，其剩餘權則歸於地方。惟有我國的

---

❽　同上。

❾　見 Arthur Holcombe, *The Chinese Revolution* (1930), P. 144. Paul M. A. Linebarger, *The Political Doctrines of Sun-yat-sen* (1937), P. 107.

憲法，解決這個問題，最得其平。這是因為我們遵照了　國父所手訂的原則：「凡事務有全國一致之性質者，劃歸中央；有因地制宜之性質者，劃歸地方；不偏於中央集權或地方分權。」❿這豈不是不偏不倚的中庸之道嗎？

至於民生主義，我們可以說在這裏　國父的獨見與創獲，確實是特別豐富。〈民生主義〉第一講裏面，對於馬克思學說的批判，是最徹底的，簡直可以說是「一棒一條痕，一摑一掌血」。　國父對於馬克思提倡用科學方法去研究社會問題，是贊成的。不過在　國父看來，馬克思的學說最大的毛病，正在他不夠客觀，並且違反科學的原則。科學的主幹不是因果律嗎？若是因果倒置，顯然是違反科學的了。而以科學為號召的馬克思，竟犯了這個毛病！

國父說：「馬克思認定階級戰爭才是社會進化的原因，這便是倒果為因。因為馬克思的學說，顛倒因果，本源不清楚，所以從他的學說出世之後，各國社會上所發生的事實，便與他的學說不合；有的時候並且相反。」⓫　國父引證了許多不容否認的實例，揭穿了馬克思的學說之不符事實，所以它根本不能成立。

依　國父的細心觀察，他發現「階級戰爭，不是社會進化的原因；階級戰爭，是社會進化的時候，所發生的一種病症，這種病症的原因，是人類不能生存，因為人類不能生存，所以這種病症的結果，便起戰爭。馬克思研究社會問題所有的心得，只見得社會進化的毛病，沒有見到社會進化的原理；所以馬克思可說是一個社會病理家，不能說是一個社會生理家。」⓬階級戰爭，既是

---

❿　見〈國民政府建國大綱〉第十七項。

⓫　〈民生主義〉第一講，見《國父全書》二六二頁。

一種病症，那末合理的辦法，應是去醫治，更好預防這個病症。
但是馬克思竟將病症當作了進化的原因，所以非但不去醫治或預
防它，反而提倡鼓勵，不遺餘力。這叫做挖肉補瘡。這樣看來，
馬克思連病理都不識的，所以嚴格的說他還不能算是一個社會病
理家，實際上只是一個病態的社會學家。這不是說馬克思的動機
完全是惡的，只不過因為他自己有了病態心理，他的學說自然陷
於偏激，鑄造了惟恐天下不亂的局面。關於這一點，羅時實先生
有一段很公允的論斷說：

> 再就馬克思的革命動機上說，其同情西方無產階級的生活
> 痛苦，自不應有所非議。但因同情無產階級，和自身遭遇
> 的社會冷酷，以積年的怨恨，而發為仇恨整個社會的一串
> 主張，浸假而演變成為「恨」的宗教，一切學說推論，幾
> 無不以仇恨為出發點，這和中國歷來的傳統道德，仁愛精
> 神，可以說是背道而馳。……以階級戰爭作為革命手段，
> 以國家視作統治階級壓迫另一階級的工具，這和民生主義
> 都是絕對不能相容。⓭

在階級戰爭的大前提之下，馬克思的學說免不了含有大量的
主觀成份，不是因果倒置，便是掛一而漏萬。他的所謂「科學的
社會主義」不過是掛羊頭賣狗肉而已。譬如他的盈餘價值論，是
極不科學的，因為他只承認了一個因素，而將其他的一切因素，

⓬　《國父全書》二六一頁。

⓭　羅時實，《從經濟學看國父思想》一七二至一七三頁。

武斷地抹殺得一乾二淨。　國父批評他說:「再照馬克思階級戰爭的學說講，他說資本家的盈餘價值，都是從工人的勞動中剝奪來的。把一切生產的功勞，完全歸之於工人的勞動，而忽略社會上其他各種有用分子的勞動。」❹　國父用紗廠布廠為例子，切切實實地證明產生盈餘價值的因素，除了在工廠裏勞動的工人以外，還有許許多多之勞心勞力的份子，都是有多少的貢獻，不容一筆抹殺。這樣平心靜氣的分析，才能說是盡科學的能事，與馬克思主義者一面倒的傾向，實有天淵之別。

國父是學醫出身的，在科學的精神和方法上，曾受過切實的訓練，❺所以他研究社會問題的時候，也能用客觀的態度，和實驗的方法，以得到正確的結論。這是　國父對於社會學特殊的貢獻。

孔子曾說:「學而不思則罔，思而不學則殆。」　國父學問上的成功，就在他能學而又能思。一方面他博覽群書，手不釋卷，並且，對於社會現象和世界潮流，默察靜觀，巨細無遺。在另一方面，他又能窮理探原，匠心獨運，既不為古人所奴，又不為近人所惑。這是我們青年的學人所應效法的。

國父在民生主義方面最重要的貢獻，是在他的苦心孤詣，深思遠慮，防微杜漸，未雨綢繆，以弭患於未形。　國父鑑於歐美各國，自從經過實業革命以來，階級戰爭，日甚一日，社會經濟的問題，迄無圓滿解決，所以他大聲疾呼，主張「我當懷歐美前

---

❹　《國父全書》二六一頁。陳健夫在《國父全傳》中說:「世界上從哲學基礎上根本打破唯物史觀的，當以先生為第一人」。此言實非過當。

❺　對於　國父在科學上之造詣，請參考任卓宣，《國父科學思想》一書。

車既覆之鑑，為我之曲突徙薪，不可學俄人之焦頭爛額也。」❶
國父曾用醫理來說明對於社會革命應該採取預防的方法：「譬諸歐
西各國，疾已纏身，不得不投以猛劑；我國尚未染疾，尤宜注意
於衛生之道。」❶孔子說：「人無遠慮，必有近憂。」❶ 國父眼光
遠大，所以能為國家謀一勞永逸之計。

　　陶希聖先生說：「在兩個文化接觸與融和，兩個社會交替與演
進的時期，百家學說紛然雜陳，一般人惶然無所適從。這就是先
知覺後知的時期。」❶正在這個世紀，東西文化，已經開始全面接
觸了， 國父應運而生，以其「惟精惟一，允執厥中」的天賦聰
明，折中兩個文化，取其所長，補其所短，為中華奠定了繼往
開來的始基，為世界揭佈了和衷共濟的序幕。再加以 總統的躬
行實踐，發揚光大，使大眾明瞭 國父遺教不是空疏迂闊的理想，
乃是易於施行的方案。❷這豈不是「明明德於天下」嗎？

　　錢穆先生在他的〈中山思想之新綜析〉一文中（見《孫文主
義論集》一〇九至一一〇頁），指出 國父思想的三個特點。第一
點，對於國學，他「實在能融會舊傳統，開創新局面。」這就是我
們上面所說的「述中有作」的意想。第二點，「他不僅接受西方思

❶ 文言本《三民主義》，見《國父全書》一八四頁。

❶ 〈社會主義之派別及批評〉，見《國父全書》五四五頁。

❶ 《論語‧衛靈公》。

❶ 陶希聖，〈三民主義國民革命方略之管窺〉，見《蔣總統與中華民族同
壽》一書四九頁。

❷ 關於 國父思想之實踐，請參閱秦孝儀所編《蔣總統對國父思想之實
踐篤行與融會貫通》一書。此書所收材料，相當豐富。

想，還能批評西方思想。他能在自己的思想系統裏來接受，來批評。」這是因為他對西方文化是有真切認識，所以不但知其所長，且能審其所短，擇其善者而從之，其不善者而改之。　國父對於盲目崇拜西洋文明的人，曾作嚴厲的糾正說：「一般醉心新文化的人，便排斥舊道德，以為有了新文化，便可以不要舊道德。不知道我們中國固有的東西，如果是好的，當然是要保存，不好的才可以放棄。」（〈民族主義〉第六講）的確，我國近代的思想，到了　國父才始成熟了。錢先生所舉出的第三點是說　國父的「思想態度，實在能繼承近代中國思想所必然趨向的客觀的路向。」這是因為　國父是仁愛為懷的。他不是獨善其身，而是兼善天下的。孟子說：「窮則獨善其身，達則兼善天下。」其實這不能代表孔子的人生觀。孔子說「君子固窮」，而他始終是以「斯文」為己任的。所謂「斯文」就是以仁義道德為本位的中國文化。　國父也是窮的時候多，達的時候少，而他時時處處總是為復興我們民族和文化而努力，造次必於是，顛沛必於是，這不是兼善天下嗎？一個人如果沒有仁愛，即使每天向外活動，也是為利己的。有了仁愛，即使閉戶著書，也是為利他的。

第二節　王道與霸道

依　國父的遠大眼光，中華文化中所應特別寶貴而且發揚光大的，不一而足，而王道精神實最能代表我們的民族精神。這「王道」二字，與帝王思想絕無關係。這個名詞，首見於《尚書・洪範》：「無偏無黨，王道蕩蕩；無黨無偏，王道平平；無反無側，

王道正直。」由此可見王道是指著大公無私，不偏不倚的政道而已。王道就是孟子所謂「仁政」。孟子也曾說明王道與霸道的分別。依孟子的看法，王道是「以德服人」的，而霸道是「以力服人」的。他說：「以力服人者，非心服也，力不贍也。以德服人者，中心悅而誠服也。」❷

國父人格的偉大，就是他能以德服人。 國父學說的可貴，就在他的思想是從他的人格，自然而然的流湧出來的。以德服人，是我們中華民族向來所懷抱的理想，因此， 國父的人格和思想，也最能代表我們的民族。

《詩經‧大雅》裏有〈烝民〉一詩，是讚仲山甫的，開始就說：

　　天生烝民，有物有則。
　　民之秉彝，好是懿德。

孔子極欣賞這首詩，他說：「為此詩者，其知道乎!」❷ 大概《中庸》所說「天命之謂性，率性之謂道，修道之謂教」是導源於這首詩的。這詩裏還有一節，是很有意思的：

　　人亦有言，柔則茹之，剛則吐之。
　　惟仲山甫，柔亦不茹，剛亦不吐；
　　不侮矜寡，不畏彊禦。

---

❷ 《孟子‧公孫丑上》。
❷ 《孟子‧告子上》。

這就是中華王道精神的寫照！我們的民族，向來是不怕強權，不欺弱者的。　國父提倡民族主義，是要中國在國際上，成為一個獨立平等的國家，不是要征服別的國家。　國父說：

> 現在世界列強所走的路，是滅人國家的，如果中國強盛起來，也要去滅人國家，也去學列強的帝國主義，走相同的路，便是蹈他們的覆轍。所以我們要先決定一種政策，要「濟弱扶傾」，才是盡我們民族的天職。我們對於弱小民族要扶持他，對於世界上的列強要抵抗他。如果全國人民都立定這個志願，中華民族才可以發達；若是不立定這個志願，中華民族便沒有希望！我們沒有發達之先，立定「濟弱扶傾」的志願，將來到了強盛時候，想到今日自身受過了列強政治經濟壓迫的痛苦，將來弱小民族如果也受這種痛苦，我們便要把那些帝國主義都來消滅，那才算是治國平天下。❷❸

我們讀了這段文章，應如何感謝上天使我們得生為中國人呵！因為只有中華民族，能產生這樣偉大的思想。

　　國父對於王霸之分，在他的〈大亞洲主義〉一篇演講中（這是民國十三年十一月廿八日在日本神戶高等女校對神戶商業會議所等五團體所講的）說得最淋漓盡致。他說：「東方的文化是王道，西方的文化是霸道。講王道是主張仁義道德，講霸道是主張功利

---

❷❸　〈民族主義〉第六講，見《國父全書》二一三至二一四頁。

強權。講仁義道德，是用正義公理來感化人；講功利強權，是用洋槍大砲來壓迫人。」❷　國父在結論中，給了日本民族一個懇切的忠告說：「你們日本民族既得了歐美的霸道文化，又有亞洲王道文化的本質。從今以後對於世界文化的前途，究竟是做西方霸道的鷹犬，或是做東方文化的干城，就在你們日本國民去詳審慎擇！」❷可惜的是那時日本當局，沒有能夠接納一個真正朋友的忠告。但是那篇演講的價值，是永遠不會消滅的，因為它是中華民族精神的一個特達表現。

中華的王道精神並不是一個空洞的理想，乃是活潑潑的，集義所生的浩然之氣，也就是　總統所講的「民族正氣」和「救人救世的民族精神」。　總統繼承中華的道統和　國父的遺志，在實際上發揚這個民族精神，不遺餘力。　總統於民國三十四年八月十五日所發表的〈抗戰勝利告全國軍民及世界人士書〉中說：

我中國同胞須知「不念舊惡」及「與人為善」為我民族傳統至高至貴的德性。我們一貫聲言，只認日本黷武的軍閥為敵，不以日本的人民為敵。今天敵軍已被我們盟邦共同打倒了，我們當然要嚴密責成他忠實執行所有的投降條款，但是我們並不要企圖報復，更不可對敵國無辜人民加以侮辱。我們只有對他們為他的納粹軍閥所愚弄所驅迫而表示憐憫，使他們能自拔於錯誤與罪惡。要知道如果以暴行答復敵人的暴行，以奴辱來答復他們從前錯誤的優越感，則

---

❷　《國父全書》一〇二五頁。

❷　同上，一〇二六頁。

冤冤相報，永無終止，決不是我們仁義之師的目的。❷

這是世界政治史上僅見的文獻，充分地表現了中華五千年的文化
精神。

在《新約聖經‧馬太福音》中，有一段引證先知依撒雅說：

斯乃吾僕，吾所簡擢；
吾愛所鍾，吾心所樂。
賦以吾神，宣義萬族。
不喧不囂，與世無爭；
攘攘市井，不聞清音。
不折殘葦，不滅殘燈。
所向風靡，以義為兵，
萬民之望，在彼之名。(〈馬太福音〉第十二章)

這是預言天主聖子耶穌基督的話。我們只要把中華的王道精神和
這個預言比較一下，便可了解我們的文化之如何契合天主之心了。
因此我們可以深信中華民族在世界上是有無窮希望的，只要我們
有自信心，千萬不要失掉我們的民族精神！

再有一層我不能不在這裏說明的，就是我們順天應人，敬天
愛人的王道精神，和無神論的、唯物史觀的共產主義是水火不相
容的。列寧的政治格言是：「你的槍上的刺刀，如果碰到硬骨頭，
就拔出來。如果碰到軟塊或嫩肉，就刺下去。」❷這是霸道的代表，

❷　《蔣總統集》(國防研究院印行) 第二冊二二〇八頁。

與我們「不侮矜寡，不畏強禦」的王道，適成一反比例！

　　讀者至此也許心裏會發生一個問題：為什麼中華民族獨富於王道精神呢？這個問題，不容易完全解答，不過　國父已提出了一個重要因素，至少可以當作這個問題的局部解答。　國父在〈民族主義〉第一講中，提出了「民族」與「國家」的分別。民族是「由於王道自然力結合而成的」一個團體，而國家是「由於霸道人為力結合而成的」一個團體。❷⓼他說：「自然力便是王道，用王道造成的團體，便是民族。武力便是霸道，用霸道造成的團體，便是國家。」❷⓽依　國父的看法，中國既是一個國家，同時也是一個民族，所以可稱為「國族」(Nation-State)。這是「因為中國自秦漢而後，都是一個民族造成一個國家」；而「外國有一個民族造成幾個國家的，有一個國家之內有幾個民族的。」❸⓪因此我們國家的建立，大部份還是藉著自然力。所以通盤而言，中國可說是王道所產生的。我們這個國族既是王道所產生的，所以我們對於王道實有一個先天的傾向。那末宣揚王道，應是我們中華民族的天職了。

第三節　內聖外王之學

　　張其昀先生謂　國父的學問，體大思精，表裏相應，「就是古

---

❷⓻　E. Stillman and W. Pfaff, *Power and Impotence* (1966), P. 121.

❷⓼　《國父全書》一八七頁。

❷⓽　同上，一八六頁。

❸⓪　同上，一八六頁。

人所謂內聖外王之學」，❸ 我認為這句話指出了　國父思想之中心點，而且從這個中心點，我們也可以看出　國父的國學淵源之如何根深蒂固了。

原來內聖外王的話，首見於《莊子‧天下》。很稀奇的，莊子在〈天下〉中，極端崇揚儒家的學術。他說：「以天為宗，以德為本，以道為門，兆於變化，謂之聖人。以仁為恩，以義為理，以禮為行，以樂為和，薰然慈仁，謂之君子。」又說：「《詩》以道志，《書》以道事，《禮》以道行，《樂》以道和，《易》以道陰陽，《春秋》以道名分。」這些一連串宣揚儒家的話，遽然出於道家大師莊子之口，更可寶貴了。莊子接著又說：「天下大亂，賢聖不明，道德不一，天下多得一察焉以自好，譬如耳目鼻口，皆有所明，不能相通，猶百眾技也，皆有所長，時有所用。雖然，不該不徧，一曲之士也。判天地之美，析萬物之理，察古人之全，寡能備於天地之美，稱神明之容。是故內聖外王之道，闇而不明，鬱而不發，天下之人，各為其所欲為焉，以自為方。悲夫，百家往而不反，必不合矣。」

國父學術思想之可貴，就在他能超越百家一曲之學（後來儒家，也多為一曲之士），而直承孔孟以前的道統，於是內聖外王之道，到二十世紀重發光輝，而大明於世。

大家都知道，　國父於西洋學術，是無所不窺的，而且並不抹煞西學的優點。不過對於倫理和政治哲學，　國父獨推崇《大學》一書。在他的〈民族主義〉第六講裏，有一段最重要的文字，

❸　張其昀，〈國父學術思想之體系〉一文，見《三民主義研究論文集》一頁。

我們必須特別注意。他說：

> 我們今天要恢復民族精神，不但是要喚醒固有的道德，就
> 是固有的知識也應該喚醒他。中國有什麼固有的知識呢？
> 就人生對於國家的觀念，中國古時有很好的政治哲學。我
> 們以為歐美的國家，近來很進步，但是說到他們的新文化，
> 還不如我們的政治哲學的完全。中國有一段最有系統的政
> 治哲學，在外國的大政治家還沒有見到，還沒有說到那樣
> 清楚的，就是《大學》中所說的「格物、致知、誠意、正
> 心、修身、齊家、治國、平天下」那一段話，把一個人從
> 內發揚到外，由一個人的內部做起，推到平天下止。像這
> 樣精微開展的理論，無論外國什麼政治哲學家都沒有見到，
> 都沒有說出，這就是我們政治哲學的知識中所獨有的寶貝，
> 是應該要保存的。❸❷

這就是內聖外王，修己以安百姓的道理。在西方政治思想中，的
確找不到這樣徹頭徹尾，內外一貫的一個學說。關於這一點，王
冠青先生的《國父思想》一書中，有十分中肯的一個按語：「在西
方的一般學說，每將道德與政治分開，它們宗教家談博愛，哲學
或倫理家談道德，而一般的政治學說，多以功利主義與權利觀念
為主。將道德從個人的修養，發展為社會的倫理，再從社會的倫
理發展為王道的政治，是中國文化上的一個特色。」❸❸

---

❸❷　《國父全書》二一一頁。

❸❸　王冠青，《國父思想》七〇至七一頁。

　　如眾所週知，　總統對於大學之道，發揮盡致，於我國政治哲學，實為一大貢獻。而　總統所以於《大學》發生偌大的興趣，最初則由　國父所啟發。　總統在〈大學之道〉下篇裏說：「我對《大學》《中庸》認識的經過，在上篇已經有了敘述，此處不必多講。不過我直到二十八歲的時候，　總理對我講大學之道，才知道這部書是最有價值的政治哲學，將它澈底研究之後，我更體會到這部《大學》，乃是一部最有價值的軍事哲學，後來再不斷研究，就覺得其中每一句話，都有其深切的道理。於是我的革命人生觀，由此更為堅強了。」❸❹

　　大家要知道，西方的文化——除了自然科學畸形發達以外——實在已到山窮水盡的地步。他們先進的學人，好像已有一種覺悟，認為支離破碎的學術，決不能解決整個人生的問題，所以他們漸漸地掉頭向東方的文化大系中來找尋一氣呵成的智慧。也許西方文化在這個時代，正在「窮則變，變則通」的關頭呢。同時，東方的青年們，大多數還是醉心於西方的科學文明，而鄙視自己家裏的寶藏。當然的，我們對於科學，必須迎頭趕上，這的確是時勢所要求的。但是我們也不可犯著一面倒的毛病，而拋棄我們固有的寶貝！我們不要忘記，科學是格物致知功夫的一部份，而格物致知之目的卻在乎正心誠意，乃至於修齊治平。如果有這樣一個本末一貫的觀念，常存心頭，那末，研究科學也不至於弄得心物脫節，而蹈西方文化畸形發展的覆轍。我們要瞭解，一切學問，科學也好，哲學也好，神學也好，政治學也好，經濟學也好，一切的一切都是以修身為本，以己立立人，己達達人為其最

❸❹　見前引（❷❶）秦編四七七頁。

終目的。

我們中華民族，在世界上，是負有一個重大的文化使命的。只要我們能拓開萬古心胸，毅然負起這個神聖使命，這就是與天合作，參贊化育，天也一定會使天地萬物同力相助，而亨通之。孔子曾說：「天之未喪斯文也，匡人其如予何。」❸ 我們在這個嚴重關頭，也可以說：「天之未喪斯文也，共匪其如予何。」

文化是民族的靈魂。我們要恢復中華民族，必先復興中華文化。不過復興決不僅是保守的意思。要知道中華文化是生氣蓬勃，日新又新的。這日新又新的精神，也是中華文化的一個特徵。因此，我們如果僅僅乎要保守這個文化，結果這個文化是不能保存的。我們必須吸收古人日新又新與時並進的心傳，來日新我們固有的文化與道德——這樣才能達到文化復興的目的。

關於讀書的方法，我以為　總統說得最為透澈。他提示我們「要將書本上」所講的道理與自己實際的經驗和閱歷互相印證。他又說：

> 孟子說：「盡信書不如無書。」　總理說：「用古人而不為古人所惑。」曾國藩讀書的要領在能「虛心涵泳，切己體察」八個字，這都是我們讀書的要訣。所以我們以後讀書的時候，自己的心神，切不可有所拘泥黏滯，要有一種安詳而靈明的心境來讀書，凡書中沒有講明的道理，或有錯誤缺點，都要澈底的研究，求得其正。❸

---

❸　《論語·子罕》。

❸　《蔣總統集》第一冊二〇二頁。

　　這樣的讀書，才有真味，好像與古人對話，平心靜氣地向他
們詰疑辯難，切磋琢磨。　國父的「用古人而不為古人所惑」與
　總統的「安詳而靈明的心境」，可與禪宗六祖惠能「心迷法華轉，
心悟轉法華」的話，互相參證。　❸陸象山也說：「學苟知本，六經
皆我註腳。」❸一定要有這樣的眼界和見識，才可以談復興中華文
化！

<h2>第四節　仁愛與互助</h2>

　　戴季陶先生，在其所著《孫文主義之哲學的基礎》一書中說：
「先生的全人格，乃以仁愛為基礎，一切表現，無不仁愛。有過
人之智，而其智惟用於知仁，有過人之勇，而其勇惟用於行仁。
可知離卻仁愛，絕無革命可言。民生為宇宙大德之表現，仁愛即
民生哲學的基礎，其他一切道德，皆不外由此而生，完成仁愛之
用而已。」

　　總統對於這個觀察，極表同意。　總統自己也說：「　總理在
〈軍人精神教育〉中已講得很明白：軍人的精神，一個就是智識
學問的『智』；一個就是仁義道德的『仁』；還有一個就是見義勇
為的『勇』。簡單說：軍人的精神就是兼全一貫的『智』『仁』『勇』。
但是我們現在更要進一步研究，究竟軍人的精神中這三個要素那
一個最重要？我以為最重要是中間一個『仁』字。因為軍人一切

---

❸　《法寶壇經・機緣第七》。

❸　見《象山語錄》。

決心和努力，都是以『仁』為出發點，一切智慧勇氣和道德也都由『仁』而發生。」（見〈軍人精神教育之精義〉）❸

　　在這裏我們必須先下一個註腳，就是　總統這個話是對軍人講的，其實可以適用於人人身上。

　　智仁勇三者，以仁為核心。這個道理是比較容易懂得的，因為所貴乎智者，以其能發明行仁的方法，這就是孔子所謂「仁之方」。所貴乎勇者，以其能憑浩然之氣或大無畏精神去行仁。如果智與勇脫離了仁，而用於不仁，則於己於人，俱有大害；既不能成己，又不能成人，還有什麼價值呢？可見仁是主，而智與勇是輔。再進一步說，仁是泉源，而智與勇是河流。仁是富於創造力的，能夠激發人的智慧與勇敢。孔子說：「愛之能弗勞乎？」❹又說：「有德者必有言，有言者不必有德。仁也必有勇，勇者不必有仁。」❹可知有了仁，必兼有智勇。所以　總統的智慧與勇氣都由仁而發生，是與孔子的意思相合的，而且我們也能切身體驗得到的。但是　總統還認為一切道德也都由仁而發生的。這句話就不容易了解。還須加以一番說明。　總統主張「仁」字可以統攝諸德，且說「這個『仁』字就是禮義廉恥的結晶。」❷這個說法，也是有很深刻的道理，與孔子之所見，如出一轍。孔子曾說：「人而不仁，如禮何？人而不仁，如樂何？」（〈八佾〉）又說：「溫良者仁之本也，敬慎者仁之地也，寬裕者仁之作也，孫接者仁之能也，

---

❸　〈軍人精神教育之精義㈠〉，見《蔣總統集》第一冊六九六頁。

❹　《論語·憲問》。

❹　同上。

❷　《蔣總統集》第一冊六九七頁。

禮節者仁之貌也，言談者仁之文也，歌樂者仁之和也，分散者仁
之施也。儒皆兼此而有之，猶且不敢言仁也。」❸由此可見仁之統
攝諸德，實在是儒家的原始洞見。

　　儒家之仁，相當於基督教義中之愛德。聖保羅之論愛德，與
儒家之論仁，也有互相發明之處。聖保羅說：「夫愛之為德，寬裕
含忍，愷悌慈祥，不忮不求，不矜不伐，明廉知恥，尚義敦禮，
於利不貪，見忤不怒，不念惡，不逆詐，不樂人之非，惟樂人之
是，無所不容，無所不信，無所不望，無所不忍。」❹聖保羅又說
信望愛三德，以愛德為最大。又說「諸善之上，冠以愛德。愛德
者，眾德之綱維也。」❺

　　無論一個人格或一個學說，如果沒有一以貫之的道理，總不
會有活潑潑的生命力和吸引力。　國父人格和學說之偉大，就在
他有一貫之道──就是仁道。關於這一點，我們可以用　總統的
一段話來作個定論：

　　　　講到　總理一生的人格和精神，完全以仁愛為其基本，無
　　論待人接物，莫不充分表現仁慈博愛的精神，因此　總理
　　有過人之智勇，惟用之於救國救民。　總理在民元以前，
　　以赤手空拳，率領同志和滿清奮鬥，民元以後又和軍閥奮
　　鬥，出死入生，數十年如一日，所憂者無非國家，所慮者
　　無非民生。可見　總理的革命動機，全為仁愛，離開仁愛，

---

❸　《禮記・儒行》。

❹　《新約・歌林多書》十三章。

❺　《新約・歌羅森書》三章十四節。

便無革命可言。❻

　　在民國十年十二月間，共產國際代表馬林抵桂林晉謁　國父。在他們談話之中，馬林問　國父說：「先生革命之基礎為何？」國父說：「中國有一道統，堯、舜、禹、湯、文、武、周公、孔子相繼不絕。余之思想基礎，即承此道統，而發揚光大耳。」馬林不解其意，再詢　國父，　國父所答者依然如此。又依照張溥泉先生所記，馬林曾與　國父討論革命的動機問題。　國父告以為愛人而革命，而馬林則說共產黨乃為恨人而革命。（見《國父年譜》八○○至八○一頁）

　　孟子曾引孔子說：「道二，仁與不仁而已矣。」（〈離婁上〉）三民主義是仁道，而共產主義是反仁道，兩者適成一個反比例。仁是順乎天理的，不仁是逆乎天理的。孟子說：「仁則榮，不仁則辱。」❼又說：「順天者存，逆天者亡。」❽這是古今中外，一定不易的公例。

　　孫哲生先生新近在第一次華學會議，發表了一篇極有意思的論文，叫做〈以三民主義對抗共產主義的世界觀〉。他說：「只有三民主義，才能對抗共產主義，解決世界問題。」❾又說：「　國

---

❻　見前引（⓴）秦編七頁。所謂「仁道」也就是「人道」，因為「人離不了仁，離了仁，人即不成其為人。」見謝幼偉，〈國父思想與儒家哲學〉（《國父百年誕辰紀念論文集》第二冊六一頁）。

❼　《孟子・公孫丑上》。

❽　《孟子・離婁上》。

❾　孫科，〈以三民主義對抗共產主義的世界觀〉，見《東西文化》第十六

父的基本哲學，與馬克思不同。他根據科學的知識，適應進化，把握特殊，把世界進化分成三大時期：第一為物質時期，其二為物種時期，其三為人類時期。這三個時期，各有不同的根源和法則。人類雖由物種進化而來，卻以人性為本。其『進化原則，（亦）與物種之進化原則不同：物種以競爭為原則，人類則以互助為原則。』他之革命，是為了救人和互助，而不在於仇恨與鬥爭。故不像馬克思那樣，把自然的哲學推演及於社會，違反人類的特性。」❺⓿ 違反人類的特性，就是孟子所謂「逆天」。所以哲生先生還指出：「歐洲研究蘇俄問題的學者，都預言蘇俄內部將有一場反對共產主義奴役的革命發生。」❺❶　國父曾說：「反乎正義人道的行為，終久是要失敗的。」❺❷ 因此我們可以斷定共產黨必敗無疑。

　　國父的進化論，是折中於達爾文和克魯泡特金兩者之學說，而得到一個不偏不倚，獨出心裁的結論。達爾文的學說，原來是限於物種的進化的，主張所謂「物競天擇，適者生存，不適者淘汰」。後來自命為達爾文信徒的學人，像斯賓塞爾和赫胥黎等，為加強他們所信仰的個人主義的學術根據，竟將達爾文的物種進化論，和盤用之於人類社會現象。馬克思也同樣的生吞活剝地把達爾文的生存競爭，優勝劣敗的公例，適用於社會學上，以支持其階級戰爭的學說。在本世紀的初葉，克魯泡特金發表了一本書叫做《互助論》，❺❸ 克氏是一個生物學家，他舉出了動物進化中很多

期五頁。

❺⓿　同上，四頁。

❺❶　同上，五頁。

❺❷　《國父全書》一〇二五頁。

的互助事實，以證明物種進化的主要因素不是競爭，而是互助。他書中還詳細陳述人類的互助事實，證明文明越進步，互助的成份越多。他總括地說：「動物用了種種手段，避免戰爭，成功的就是生存之適者，勝利之冠就在他的頭上。只是觀察實際的世界，可以曉得最能避免戰爭，最後使自己適應互助的種屬，是繁榮的。」❺

　　國父的進化論，在物種方面，仍是採取達爾文的，而在人類一方面，卻是採取克氏的。在　國父的看法，人類的進化原則，和物種的進化原則是不同的。「物種以競爭為原則，人類則以互助為原則。社會國家者，互助之體也，道德仁義者，互助之用也。人類順此原則則昌，不順此原則則亡。」❺　國父並不主張物種進化絕無互助的因素，或人類進化絕無競爭的因素，因為有原則總是有例外的。但　國父說：「然而人類自入文明之後，則天性所趨，已莫之為而為，莫之致而致，向於互助之原則，以求達人類進化的目的矣。人類進化之目的為何？即孔子所謂『大道之行也，天下為公』，耶穌所謂『爾旨得成，在地若天』。此人類所希望，化現在之痛苦世界，而為極樂之天堂是也。」❺　國父後指出自從達

❺　Peter Kropotkin, *Mutual Aid*. 哲生先生告訴我說，當他在美留學的時候，　國父曾將此寄給他。可見　國父對於這本書的重視了。

❺　周弘然，〈服務道德哲學之研究〉，見《國父百年誕辰紀念論文集》第二冊五〇四頁。

❺　《國父學說》第四章，見《國父全書》一七頁。關於互助的原則，請參考羅剛，《三民主義的體系與原理》第十章二五九至二九三頁。

❺　同上。

爾文發明物競天擇的原則以後，「而學者多以為仁義道德皆屬虛無，而競爭生存，乃為實際，幾欲以物種之原則，而施之於人類之進化，殊不知此為人類已過之階段，而人類今日之進化，已超出物種原則之上矣。」❺❼總之，個人主義者與共產主義者，他們俱犯了同一個毛病，都把物種的原則，張冠李戴地，套在人類的頭上，這是莫大的錯誤。　國父認為這又是知難行易的一個證明。現在個人主義已經成為過去了，共產主義也可視為落伍的陳談。只有三民主義是最進步的，因為三民主義才是日新又新的人道。

　國父說：

> 從前學說，準物質進化之原則，闡發物競生存之學理。野蠻時代，野獸與人類相爭，弱肉強食，優勝劣敗。弱者劣者，自然歸於天演淘汰之例。故古來學說，只求一人之利益，不顧大家之利益。今世日進文明，此種學理，都成野蠻時代之陳談，不能適用於今日。今日進於社會主義，注重人道，故不重相爭而重相助，有道德始有國家，有道德始有世界。❺❽

從前有一個馬克思的信徒曾讚揚他的主義說：「馬克思主義是應用

---

❺❼　同上。

❺❽　〈學生須以革命精神努力學問〉，見《國父全書》五六〇頁。　國父之論政治經濟，處處以道德為前提，這是　國父學說之一大特色，也就是中國民族精神的特達表現。因為中國文化的確「是一種道德主義性質的文化」。見胡軌的《國父思想》八六頁。

於社會學上的達爾文主義，達爾文主義即是應用於生物學上的馬克思主義。」❺殊不知這正是馬克思主義的致命傷。這簡直是「一盲領眾盲，相將入火坑」！

第五節　民生的涵義

《論語》裏有這樣的一段記載：

> 子適衛，冉有僕。子曰：「庶矣哉！」冉有曰：「既庶矣，又何加焉？」曰：「富之。」曰：「既富矣，又何加焉？」曰：「教之。」（子路）

這裏所謂「庶」，是人口興旺的意思，所以是屬於民族主義的範圍的。至於「富之」和「教之」，是屬於民生主義的。

　　「民生」的涵義是非常豐富的，決不是限於衣食住行四個問題。　國父在他的手訂本《三民主義》中說：「生活問題之中，物質自然佔了很大的部分，但是人類不單是靠物質來生活的。孔子說：『君子謀道不謀食，憂道不憂貧。』……由此可見人類的生活，決不是專靠物質的，不過物質在人類生活上，佔一個重要部分罷了。……物質不能做人類生活的止境，不能飽足人類的慾望，人類慾望除了物質以外，更有無上的要求。這種要求就是高尚道德。有了物質，又有高尚道德，才能夠完全人類的生活。專有物質，決不是人類的高尚生活，所以世界無形中支配歷史的東西，不是

---

❺　見前引（❹）《東西文化》第十六期三頁。

物質，是人類的生存。」❻

　　我們可以說，民生好像一幅偉大的繪畫，衣食住行是這幅畫的近景，而仁義道德則是它的遠景。近景固然是重要的，但是沒有遠景，也不成其為一幅名畫。

　　國父的民生哲學，是和孟子的主張完全相同的。孟子有一段言論，可以與民生哲學互相參證的。他說：

> 無恆產而有恆心者，惟士為能。若民則無恆產，因無恆心。苟無恆心，放辟邪侈，無不為已。及陷於罪，然後從而刑之，是罔民也。焉有仁人在位，罔民而可為也。是故明君制民之產，必使仰足以事父母，俯足以畜妻子，樂歲終身飽，凶年免於死亡，然後驅而之善，故民之從之也輕。今也制民之產，仰不足以事父母，俯不足以畜妻子，樂歲終身苦，凶年不免於死亡，此惟救死而恐不贍，奚暇治禮義哉？（《孟子・梁惠王上》）

這就是孔子富而後教的意思。　國父之心，即是孔孟之心，而　總統之心，又是　國父之心，所以　總統所寫的〈民生主義育樂兩篇補述〉，實在可以說是繼續　國父的遺志，使民生主義有充實之美，而與孔孟的學說前後相應。　國父之講衣食住行，其目的也同孔子講「富之」，和孟子講「制民之產」一色一樣。這是民生的初步工作，再進一步，還要誘民為善，學習禮義，這樣才算是滿足人的生活，正如　國父說：「有了物質，又有高尚道德，才能

---

❻　國父手訂本《三民主義》四二四至四二六頁。

夠完全人類的生活。」❻　　總統更明白地提示我們民生是包括精神生活的。他說：

> 人之所以異於禽獸者，在其有精神生活。精神得不到安定，人格便陷入破碎的境域。個人不能保持其人格的完整，社會也就不能保持其安定的秩序和良好的風氣。
>
> 現代的心理學家，也嘗試以科學方法，來治療人類的精神病。如果是神經系統有了病，在醫學上並不是沒有治療的方法，但是要使一個人收拾其破碎的心理，養成其完整的人格，科學還是無能為力的。惟有宗教信仰和人生哲學的基本思想，才是人格內在的安定力。
>
> 共匪要瓦解我們的社會，滅亡我們的國家，首先就要摧殘宗教，箝制我們的信仰自由。一般的教育家和科學家或許以宗教是反科學的迷信，對共匪迫害宗教的暴行，不加重視。殊不知一個人沒有信仰，就失去了人生的歸宿。一個社會沒有宗教，就失去了精神的安定力。我們要看清了共匪為什麼要摧毀宗教，才能達到他征服世界奴役人類的目的，我們就能夠了解宗教對於人和社會的重要性了。❻

　　這一段的話，對於民生哲學可說是畫龍點睛！也是　國父遺教最正確的闡述。　國父之如何注重精神生活和高尚道德，只要

---

❻　同上，四二六頁。

❻　蔣總統手著，〈民生主義育樂兩篇補述〉，見《國父全書》三〇九頁。

對於他的遺教稍有研究的人，便能一目了然。我們在這裏也不能多舉例子，只須引證　國父的〈軍人精神教育〉中的一節：

> 今人心理往往偏重物質方面，若言北伐，非曰槍枝務求一律，則曰子彈必須補充，此外種種武器，亦宜精良完備，一若不如是，則不能作戰者。自余觀之，武器為物質，能使此武器者，全恃人之精神。兩者相較，精神能力實居其九，物質能力僅得其一。❻❸

總之，「民生」的涵義，經過　總統的補述和闡發，與研究三民主義的學人的思考，其包括精神生活，已成為公認的定論了。民生問題，就是人類求生存的問題。關於這一點，崔載陽先生有一個很透闢的按語，值得大家注意的：

> 國父認「要能生存，就必須有兩件最大的事，第一件是保，第二件是養。」故人類求生存，首要求保養。個人要保養，社會也要保養，故保養有個人性，亦有社會性。正如人身體上有兩種血輪，一是紅血輪，一是白血輪。紅血輪專司消化營養的責任。白血輪專司消毒保護的責任。當消化營養時，是紅血輪去負責。當消毒保護時，是白血輪去負責。紅血輪與白血輪是人體生命的兩個根本機能。
>
> 同樣，人類政治的保與經濟的養，也是人類社會生存上的

---

❻❸　《國父全書》九〇八頁。

兩個主要條件。兩者對人類社會生存，正如紅白血輪對人類個體的生存，缺一不可。人類求生存，就要求保護。但如認人類求生存只限於人類衣食住行或疾病醫療物質生活的滿足，或只限於人類機體各種需要衝動，和慾望的實現，那麼是不夠的。因為這樣的求生存，動物早已有之。如人類求生存仍滯留於此點上，而沒有更高尚的教育與康樂，道德與宗教的精神生活，那麼人生的目的就將沒有多大的價值了。❻

照崔氏的意思，「保」是民權主義的能事，而「養」是民生主義的能事。不過，保也好，養也好，要之其所保所養的，總是不僅限於物質生活，而是包括精神生活的。

依兄弟之所見，民生哲學的立場，是與近代教宗之論社會問題，不約而同的。這是不足詫異的，因為兩者都是走著中正和平的一條路，一方面反對個人主義，而一方面也反對一切抹殺人格尊嚴的集團主義。兩者都可以說是植根於天道的人道主義。讀者請一閱沈鼎臣和同文都二位先生所編譯的《近代教宗文獻論社會問題》一書，便會表同意於兄弟的觀察了。

第六節　精神與物質

國父在〈軍人精神教育〉中說：「總括宇宙現象，要不外物質

---

❻ 崔載陽，〈國父的教育思想〉，見陳固亭等所著，《國父學術思想研究》四一○頁。

與精神二者。精神雖為物質之對，然實相輔為用。考從前科學未發達時代，往往以精神與物質絕對分離，而不知二者本合為一，在中國學者亦恆言，有體有用。何謂體？即物質。何謂用，即精神。譬如人之一身，五官百骸皆為體，屬於物質。其能言語動作者，即為用，由人之精神為之。二者相輔，不可分離。若猝然喪失精神，官骸雖具，不能言語，不能動作，用既失，而體亦成為死物矣。由是觀之，世界上僅有物質之體，而無精神之用者，必非人類，人類而失精神，則必非完全獨立之人。雖現今科學進步，機器發明，或亦有製造之人，比生成之人，毫髮無異者，然人之精神不能創造，終不得直謂之為人。人者有精神之用，非專恃物質之體也。我既為人，則當發揚我之精神，亦即所以發揚人之精神，故革命在乎精神。革命精神者，革命事業之所由產出也。」❻❺

　　從這段文章中，我們可以看出　國父對於人的觀念了。要成為一個人，除肉體之外，必須具有制馭肉體的心靈。　國父以肉體為「體」，而以心靈為「用」，這個用語似乎與一般哲學家所慣用的術語，有所出入，可能引起一個誤解，以為　國父是重物質而輕精神的。但我們讀書，絕對不可以辭害意。　國父的意思明明是以物質為客體，而以精神為運用物質的主體。物質不過是被用的東西，而精神才是運用物質的主宰。可見　國父雖主張二者相輔並存，不可分離，而其重在精神，則不容否認的。　國父對於這個問題，用一個引人入勝的例子說「諸君不觀夫牛與童子？牛之力量大於童子，人皆知之，而童子能以一繩引牛，東則東，西則西，牛乃不能奮其一角一蹄，以與童子抗，且甘心俯首，惟

---

❻❺　《國父全書》九〇八頁。

命是聽者，是則何耶？童子有精神，牛無有精神，故童子之力量雖不如牛，而能以精神制馭之，此尤顯而易見之例也。」❻

　　依照　總統的看法，　國父的人生觀是心物一體，和中國傳統哲學思想是一貫的。這個心物一體的人生觀，當然是主張心物二者，不可偏廢，必須並存，但並不主張心物並重。　總統對此點曾有非常透徹的說明。他說這心物一體的人生觀，是「視心重於物」，而且這「視心重於物」的觀念，正是「心物一體」論的特點之所在，亦可以說，這是「心物一體」論的原則。❼　總統接著又說：「不過心物一體論，雖『視心重於物』，但他決不是唯心，而他總是心物並提，絕不忽視於物的。」❽

　　兄弟認為　總統這一節話，是對於　國父的人生觀最正確的闡釋。　總統還更進一步主張「心物一體」論，乃導源於「天人合一」的觀念。他說：「惟有『天人合一』的尊神論者，才能樂道順天，不憂不懼，安心立命，死生不貳。孔子曰：『天生德於予，桓魋其如予何。』又曰：『天之未喪斯文也，匡人其如予何。』孟子曰：『盡其心者，知其性也。知其性，則知天矣。存其心，養其性，所以事天也。夭壽不貳，修身以俟之，所以立命也。』……故中國『天人合一』的哲學思想，對於生死取捨觀念，更能夠徹底了悟。……由此可知，凡是了悟我們『天人合一』的先聖往哲，以及歷

---

❻　同上。

❼　〈解決共產主義思想與方法的根本問題〉，見《蔣總統集》第二冊一九二八頁。

❽　同上。請參考周世輔的〈哲學思想〉，見鄧文儀等所著《蔣總統學術思想研究》一二九至一三一頁。

代民族英雄，臨大節而不變，當大難而不苟者，都是有得於中國傳統哲學思想所致。這就是因為他因心有了主宰，所以能夠生死以之，險夷一致，自不為任何威武所屈，外物所誘，更不為……邪說（即無神論的共產主義）所動搖。」❻❾

這就是說，我們如果要以我們的精神，遊刃有餘的制馭物質，運用物質，就不可不同那創造宇宙萬物而同時在吾心中的神，結合起來，方能有濟。國父也曾提示我們說：「至於宗教的優點，是講到人同神的關係或同天的關係，古人所謂天人一體。依進化的道理推測起來，人是由動物進化而成，既成人形，當從人形更進化而入於神聖。是故欲達造成人格，必當消滅獸性，發生神性，那麼，才算是人類進步到了極點。」（〈國民要以人格救國〉）❼⓿

國父的宗教信仰，我們想在本文的另節裏討論。這裏兄弟但欲引證〈民族主義〉第三講裏的一節話。國父深信我們中華民族是在世界上負有一個重大的使命的，就是天要我們發揚中華的王道精神，為天下倡，俾得感化人類，共登大同的化域。但是要達到這個終極目的，第一步必須保存我們自己的民族。所以國父說：「因為天生了我們四萬萬人，能夠保存到今日，是天從前不想亡中國。將來如果中國亡了，罪惡是在我們自己，我們就是將來世界上的罪人。天既付托重任於中國人，如果中國不自愛，是謂逆天。」❼❶　國父接著又說那些壓迫我們的帝國主義者，「是逆

---

❻❾　《蔣總統集》第二冊一九二八頁。

❼⓿　〈國民要以人格救國〉，見《國父全書》九三二頁。關於獸性、人性、神性的進化階段，可參考蔣一安的《國父哲學思想論》一一一至一一二頁。

天行道，不是順天行道。我們去抵抗強權，才是順天行道。」　國父同孟子一樣，深信順天者存，逆天者亡，為顛撲不破的自然法。我們研究　國父遺教，切不可忘記　國父的革命，與湯武的革命，是同一個出發點，順乎天而應乎人的。（見《易經·革卦》）

　　國父之如何注重內心生活，可於下列之弘論，窺見一斑：

　　　　要做革命事，是從甚麼地方做起呢？就是要自己的方寸之地做起。要把自己從前不好的思想、習慣和性質，像獸性，像獸、罪惡性的一切不仁不義的性質，都一概革除。所以諸君要在政治上革命，便先要從自己的心中革起。 **⓱**

這是最澈底的革命哲學，也是我國數千年的精神文明所結的美果。

第七節　宗教信仰與宗教精神

1.我國固有的宗教意義

　　講到　國父的宗教信仰與宗教精神，我們可以分兩層來說。第一層，　國父所繼承的堯、舜、禹、湯、文、武、周公、孔、

⓰　《國父全書》二〇〇頁。　國父雖然不承認天賦人權之說，但對於道德律及自然法之存在，則深信不疑。請參考顧翊群的〈論中國道統及西方自然法之重振與當前之世界危機〉一文，見《國父百年誕辰紀念論文集》第二冊一五至五二頁。

⓱　〈革命軍的基礎在高深的學問〉，見《國父全書》九九三頁。

孟的道統，是個敬天愛人的道統。這所謂「天」，也就是「上帝」
或「神」。

《詩經》裏有：

> 上天之載，無聲無臭。（〈大雅・文王〉）
> 小心翼翼，昭事上帝。（〈大雅・大明〉）
> 上帝臨汝，無貳爾心。（同上）
> 皇矣上帝，臨下有赫。（〈大雅・皇矣〉）
> 天生烝民，有物有則。（〈大雅・烝民〉）

《尚書》裏有：

> 夏氏有罪，予畏上帝，不敢不正。（〈湯誓〉）
> 惟德動天，無遠不屆，滿招損，謙受益。（〈臯陶謨〉）
> 惟天無親，克敬惟親，民罔常懷，懷於有仁。（〈太甲下〉）
> 天道福善禍淫。（〈湯誥〉）
> 惟皇上帝，降衷於下民，若有恆性。（同上）
> 乃罪多參在上，乃能責命於天！（〈西伯戡黎〉）
> 天視自我民視，天聽自我民聽。（〈泰誓中〉）
> 皇天無親，惟德是輔，民心無常，惟惠是懷。（〈蔡仲之命〉）

又如《春秋穀梁傳》昭公十八年載有子產的話：「天者神，子惡知
之。」《左傳》有「神福仁而禍淫」的話（成公五年）。《周易・說
卦》有「幽贊神明」與「神也者，妙萬物而為言也」。

　　至於孔子與孟子之說天，更為親切有味。孔子說：「仁人之事親也如事天，事天如事親，是故孝子成身。」（《禮記・哀公問》）「天生德於予，桓魋其如予何？」（《論語・述而》）「吾誰欺，欺天乎？」（〈子罕〉）「不怨天，不尤人，下學而上達，知我者其天乎！」（〈憲問〉）「天之未喪斯文也，匡人其如予何？」（〈子罕〉）從這些話裏，我們可以斷定孔子所謂「天」是指有創造力，有靈心智慧，有意志的，至高無上的神明。

　　孟子對於天，也有堅定不移的信仰，和切身體驗的認識。他引證了歷史上許多事實，而下一個按語說：

> 故天將降大任於斯人也，必先苦其心志，勞其筋骨，餓其體膚，空乏其身，行拂亂其所為，所以動心忍性，曾益其所不能。人恆過，然後能改，困於心，衡於慮，而後作；徵於色，發於聲，而後喻。入則無法家拂士，出則無敵國外患者，國恆亡。然後知生於憂患，而死於安樂也。（〈告子下〉）

這一番大道理，即謂其有聖神的靈感，也不覺過當。

　　《周易・觀卦》的〈彖辭〉裏說：「觀天之神道，而四時不忒。聖人以神道設教，而天下服矣。」孔穎達疏曰：「此明聖人用此天之神道，以觀設教。天既不言而行，不為而成，聖人法則天之神道，本身自行善，垂化於人，不假言語教戒，不須威刑恐迫，在下自然觀化服從，故云天下服矣。」觀此可見神道是天之神道，是原來有的，絕對不是聖人所捏造以欺騙百姓的。要注意原文是說

「聖人以神道設教」，不是說「聖人設神道以教」。原文的「以」字，是依據的意思，決不是利用，更不是憑空創造的意思。可惜一般膚淺的讀者，往往把這句話誤解，於是聖人變成了為目的不擇手段的無恥政客了！關於這一點，周林根先生，在他的《中國古代禮教史》中，有一個很有意思的按語說：「今之無神論者，故意曲解，謂其假設神道以愚民，何其厚誣聖人？與《易經》之原意，何其大相悖謬。」（三三六頁）

　　總之，我們中華民族，絕對不是沒有宗教意識的民族。事實上我們民族有個明明白白的原始信仰，就是敬天愛人的宗教信仰。張遒民先生，在他的《國父思想要義》一書中，有一個很切實的按語說：

> 信仰上帝，就是敬天，篤信主義，就是愛人。「敬天愛人」、「天人合一」的思想，是中國哲學思想最高的境界。中華革命青年，秉承上帝仁愛的意旨，虔誠的奉行三民主義，來實現救中國救世人的宏願，這是多麼崇高和偉大的使命。（二八一—二八二頁）

　　國父的全部遺教中，充滿著中華民族的「順天行道」、「推己及人」的宗教信念。這是十分明顯的事實，我們在這裏也不須多作引證了。我們現在可以再進一層，來討論基督教義對於　國父之影響。

2.國父與基督教

　　國父與基督教最初的接觸，是在他十四歲在檀香山英國教會
所設的意奧蘭尼書院讀書的時候。那時這個書院是由韋禮士主教
主辦的。　國父對於韋主教及其他傳教士的博愛精神，印象極深。
他研讀《聖經》也是從這個時期開始的。在他十七歲的那一年，
他卒業於意奧蘭尼書院之後，曾在天主教所辦的高等學校聖路易
學院，讀了一個學期。第二年春季又轉入美國教會所辦的奧阿厚
學院肄業，在那裏認識了一位傳教士，即芙蘭諦文先生。這位先
生很器重　國父的品學，循循善誘，　國父受其薰陶，信道漸篤，
遂發領洗奉教的宏願。不幸此事為其兄德彰先生所聞，他深恐
國父染洋化，乃令他歸國補習國學。

　　國父當時雖未領洗，但隨身帶了一本英文《聖經》，繼續誦讀，
津津有味。

　　國父二十歲春季在香港皇仁書院讀書，課餘復從道濟會長老
區鳳墀先生補習國學。同時還結識了美國傳教士喜嘉理牧師，相
談極為投機，喜嘉理牧師遂為施洗禮。　國父領洗時署名為「日
新」。後來雖然因區鳳墀長老的建議改名為「逸仙」，照廣東的語
音「逸仙」與「日新」是完全同音的。

　　「日新」這個名字，很顯然的是取《大學》「湯盤銘」：「苟日
新，日日新，又日新」之義。「湯盤銘」實為　國父的宗教觀及其
革命哲學的共同基點。在　國父心目中，耶穌是全世界最偉大的
一位革命家，因為他的寶訓是足以使信徒棄舊更新的。聖保羅在
〈致伊法所人書〉中說：「務當以昨死今生的精神，棄絕故我，易
以新我。新我者，即按天主之典型，依仁義之真諦而諦造者也。」
（第四章二三至二四節）一個人既領受了新生命，必須努力實行

新生活。這便是日新又新的真諦，也是革命的真諦。在　國父身上，宗教精神與革命精神，是一貫的。

　　國父的宗教信仰之如何誠篤，可於他在倫敦蒙難後寫給區鳳墀長老的一書中，略見一斑。他說：

> 弟被誘擒於倫敦，牢於清使館十有餘日，擬將弟綑綁，乘夜下船私運出境，船已賃備，惟候機宜。初六七日內，無人知覺，弟在牢中自分必死，無再生之望，窮則呼天，痛癢則呼父母，人之情也。弟此時惟有痛心懺悔，懇切祈禱而已。一連六七日，日夜不斷祈禱，愈祈愈切，至第七日，心中忽然安慰，全無憂色，不期然而然，自云此禱有應，蒙神施恩矣。❼❸

這是最親切的宗教體驗。書中復敘述如何於九死一生之中，安然出險。最後一段說：

> 此十餘日間，使館與北京電報來往不絕，我數十斤肉，任彼千方百計而謀耳。幸天心有意，人謀不臧，雖清虜陰謀，終無我何，適足以揚其無道殘暴而已。虜朝之名，從此盡喪矣。弟現擬暫住數月，以交此地賢豪。弟遭此大故，如蕩子還家，亡羊復獲，此皆天父大恩。敬望先生進之以道，常賜教言，俾從神道而入治道，則弟幸甚，蒼生幸甚！❼❹

---

❼❸　《國父全書》三五七頁。

❼❹　同上。關於　國父信奉耶穌教之經過，可參考馮自由，《革命逸史》

這「從神道而入治道」一語，意義深長，需要略加闡明。耶穌降生的目的，在乎救人靈魂，俾獲永生，且教人如何做人，方能得到天父的歡心。耶穌的福音，不外乎信望愛三德。譬如　國父的懇切祈禱，就是信德與望德的表現，而他立志要從神道而入治道，這便是愛德的表現。　國父的使命，不在直接救人的靈魂，是在為我中華建立一個完美的政府，使人民個個能安居樂業，俾得自由自在地進德修行，以達到人生之終極目的。政治不能解決人類內心生活的問題，但是政治卻能為人類的內心生活創造一個優良的環境。譬如，政治不能為人民選擇一個宗教，只能保障人民的信仰自由，而且通過民生的改進，使人民有閒暇從事於內心修養而止於至善。宗教與政治有不同的活動範圍，不能互相替代的。不過也不可互相脫離，背道而馳的，而是並行不悖，而且相輔而行的。

　　國父對於信仰自由，極端重視。他於一九〇四年在美國發表的〈中國問題之真解決〉文中，便提到了中國一向歡迎外邦教士的事實：

　　　西人每以中國閉關成性，不願與外人交通，僅於隱隱前茅，開數通商口岸而已。此等誤會，實為不明中國歷史者之言。而歷史上則與吾儕豐富證據，足以表明之者；自上古以迄近代，中國人民之對待鄰邦夙稱敦睦，且從未歧視外邦商人教士。西安府之景教碑，已載明第七世紀外邦教士福音

第二集。

之功，漢帝則更為佛教之先導，一時人民之歡迎新教，深具熱忱，以致日增繁盛，得與儒道兩教鼎峙中國。非特教士如此，即全國遊歷之商人，亦莫不獲賓至如歸之樂。以迄終明之世，從未見有仇洋運動。且明相國徐光啟，嘗親身為天主教之信徒，與天主教馬杜李西氏友善，為人民所深敬焉。❼⑤

國父就任臨時大總統後覆佛教會〈論信仰自由書〉中說：

近世各國，政教之分甚嚴，在教徒苦心修持，絕不干預政治；而在國家，盡力保護，不稍吝惜。此種美風，最可效法。❼⑥

其答謝康德黎夫人函中也說：

我歡喜告訴你，我們正謀中國的宗教信仰自由，並且我敢卜基督教在這新國度裏，日榮月盛。❼⑦

政治與宗教的關係，實在非常微妙。在一方面，它們不能互相干涉，互相牽制。在另一方面，它們又必須互助合作。　國父於民元九月間在北京教會歡迎會上說：

---

❼⑤　同上，三六九頁。

❼⑥　同上，四四三頁。

❼⑦　同上，四四二頁。

但宗教與政治，有連帶之關係。國家政治之進行，全賴宗教以補助其所不及。蓋宗教富於道德故也。兄弟希望大家以宗教上之道德，補政治之所不及。**⑱**

在同一演講中，國父還說：「兄弟數年前，提倡革命，奔走呼號，始終如一，而知革命之真理者，大半由教會所得來。」**⑲**可見國父的革命思想，基督教義實為一個重要淵源。

梁寒操先生，在他的〈三民主義與基督教〉**⑳**一篇演講裏，指出三民主義有三個主要淵源：「第一就是中國傳統的孔孟學說。第二是基督教義。第三是近代科學思想。」並說：「從學術的立場來看，三民主義和基督教，實在有很深的關係。」兄弟認為這是一個很正確的觀察。茲就兄弟研究所得，略述幾個感想。

㈠在基督的教義裏，敬天愛人的思想，達到了最高峰。耶穌提示兩個誡命為一切道德的綱領。第一是：「盡爾之心，盡爾之情，盡爾之知，盡爾之力，以愛爾所天之主。」第二是「愛人如己」（〈馬可〉十二章，二八至三一節）。這顯然是同我國敬天愛人，順天應人的思想一貫的，並且可以增強我們固有道德的活力。國父曾說：

中外交通之後，一般人便以為中國人所講的仁愛，不及外

---

⑱ 同上，五三五頁。

⑲ 同上。

⑳ 油印本。

國人。因為外國人在中國設立學校，開辦醫院，來教育中國人救濟中國人，都是為行仁愛的。照這樣實行一方面講起來，仁愛的好道德，中國似乎遠不如外國。中國所以不如的原故，不過是中國人對於仁愛沒有外國人那樣實行，但是仁愛還是中國的舊道德。我國要學外國，只要學他們那樣實行，把仁愛恢復起來，再去發揚光大，便是中國固有的精神。（〈民族主義〉第六講）**❽❶**

那末，外國的傳教士為什麼能夠實行仁愛呢？還不是因為他們有宗教信仰，為之刺激嗎？所以梁寒操先生說：「要實現三民主義，也需要有基督教的根本精神，滲透在我們的工作裏面，才容易成功。」這是十分公平的話。

　　㈡西洋的自由平等博愛的民主思想，實在是發源於耶穌的教訓。耶穌有一次對他的門徒說：「外邦所謂民牧者，以民為奴，而為大臣者，擅作威福，爾中則不應若是。爾中孰願為大，當為爾役，孰願居首，當為公僕。即人子之來，非以役人，乃為人役，且將捨生以贖罪矣。」（〈馬太〉二十章二五至二八節）　國父的服務主義，乃是這個原則在政治範圍以內的最充分的發揮。他說：

人人應該以服務為目的，不當以奪取為目的。聰明才力愈大的人，當盡其能力以服千萬人之務，造千萬人之福。聰明才力略小的人，當盡其能力而服十百人之務，造十百人之福。所謂巧者拙之奴，就是這個道理。至於全無聰明才

力的人，也應該盡一己之能力，以服一人之務，造一人之
福。照這樣做去，雖天生人之聰明才力，有三種不平等，
而人類由於服務的道德心發達，必可使之成為平等了。這
就是平等的精義。(〈民權主義〉第三講) ❷

國父的意思，是說天賦人以聰明才力，附有一個委託，就是要為
人家服務。天賦愈厚，責任也愈大。這就是耶穌所說:「賦之厚，
則望之深; 託之重，則責之嚴也。」(〈路加福音〉十二章四八節)
　㈢基督教義，是最富於革命精神的。但看聖母瑪利亞的〈歡
喜歌〉，已可見到革命的真義了:

運臂耀神德，傲慢頓粉潰。
王侯遭傾覆，卑賤升高位。
飢者飫珍饈，富人赤手退。(〈路加福音〉第一章五一至五
三節)

還有先知預言約翰說:

曠野有人，揚聲而呼。
為主除道，正直其途。
充填空谷，蕩夷山陵。
曲者使直，陂者使平。(〈路加〉第三章四至五節)

---

❷　同上，二三二至二三三頁。

這些都是打不平的意思。　國父也說三民主義一貫的道理就是打不平。「民族主義是對外國打不平的……民權主義是對內打不平的……民生主義是對資本家打不平。」（〈救國救民的責任在革命軍〉）⑧

　　國父臨終之前幾天，曾對孔祥熙先生說：「你是個基督徒；我也是個基督徒。」又說：「我是上帝的使者，我的使命就是幫助人類去獲得平等與自由。」⑧ 的確，這是他一生所不斷努力的。現在革命尚未成功，這個使命就落在我們的　總統和各同志的身上了。

---

⑧　同上，九六九頁。

⑧　Lyon Sharman, *Sun Yat-Sen: His Life and Its Meaning* (1965), P. 310. 本人曾將此事，請教蔣夫人，蔣夫人亦說確有此語。關於科學與宗教的問題，可參考張肇祺所著〈論哲學的基礎〉一文（見《國魂》第二四九期）。

國父的學問與人格

雲五先生，各位同胞：

　　剛才雲五先生說我的頭髮還沒有白，這使我很慚愧的；因為我的頭髮有時也染了些黑色，實則已經白了一半。誠如雲五先生所說，我應　國父百年誕辰紀念籌備委員會之邀，於去年五月回國，雲五先生就是籌備委員會的主任委員；今天又承雲五先生主持這一項的演講會，為我作介紹，那真是太巧了。

一、與　國父一面之緣

　　記得五十四年間，　國父百年誕辰紀念籌備會王雲五先生、張道藩先生和羅家倫先生三位出面寫信給我，要我撰寫一部英文的　國父傳記，「俾國際人士對其思想之博大精深與功業之輝煌彪炳，得獲正確之了解。」自覺和　國父只有一面之緣，那是在一九一七年看到　國父正在上海八仙橋的青年會理髮。萬萬想不到這項重大的工作會輪到我的頭上來，深恐有負雅意，未免躊躇。

　　當時哲生先生尚在美國西部，我即馳函和他商量，他馬上回信說，國內會要你做——這固然是一項驚奇的消息，但同時也是

很可喜的。他說，「你可以放膽接受下來，我願意盡我的力量同你合作。」由於哲生先生的支持協助，我乃勉允所請，擔負這一艱鉅的工作。

二、國父傳的寫作

我自回國迄今，轉瞬已滿一年，不過到現在為止，所寫就的，乃是從　國父的誕生到就任中華民國第一任總統為止，大約只有全書的一半。這是因為　國父的事業文章實在是非常的充實；他的活動半徑是不可想像的廣闊，他的接觸面，更非尋常人所能比擬。而我個人，為了資料的蒐集與研討，所耗的時間，遠較實際的寫作為多；而我因此得益之多，也常覺有意外的收穫。

三、國父交遊遍天下

譬如說　國父交遊之廣，幾乎遍於天下。他的朋友，不限於中國同胞，幾乎沒有一國沒有他的朋友。即就日本一國而論，衷心敬愛他的人，不計其數。如犬養毅，乃一日本朝野之橋樑，始終忠心於我國，與　國父最稱莫逆，其後被人謀刺而死。犬養毅乃為中日友誼而致命者。又如山田良政則為外國人協助中國革命而在中國犧牲之第一人。我為研究　國父與日本友人交往的情況，就足足化了四個月的工夫，閱讀有關資料，詳加考訂，而後撰成一章，約為原稿二十餘頁之譜。

此外與　國父交往的著名人物，譬如英國的康德黎、孟森，美國的喜嘉理 (Hager) 牧師，咸馬里 (Homer Lea) 將軍和林柏克父子，法國的克里孟梭、韜美，和武昌起義時充任法國領事的羅氏

（此人對於我國革命，極有功勞，其法文名字，尚待考訂）。德國的大漢學家魏理賢，菲律賓的彭西 (Ponce) 等。這些人物，都是國父的知友或同情者。我也無不一一加以詳細的辨證。

四、搜討工夫比寫作多

又如　國父〈上李鴻章書〉，是一篇修辭典雅，內容精闢的文字。他在這篇文章裏，提出了四項救國的大計，這就是：㈠人盡其才，㈡地盡其利，㈢物盡其用，㈣貨暢其流。在每項大計之下，他引證了古今中外的事例和言論。真可以說是博覽群書，將中西的政治經濟思想冶為一爐。這一封信，是他二十八歲的時候（一八九三年）所寫的。

當時　國父與其同鄉鄭官應先生時相過從。鄭官應所作的《盛世危言》，也是當代的一部偉大的作品。其中有一篇講「農事」的，依照近來學者的考證，係出於　國父的手筆。我覺得不僅〈農事〉一章，並且其他各章也有　國父的貢獻。《盛世危言》與〈上李鴻章書〉，在思想的脈絡上有密切的關係；雖然與　國父思想不盡相同，但是相同的地方，也實在不少。因此我寫〈上李鴻章書〉那一節裏，那只有戔戔的七頁，下筆之前，也不得不一讀《盛世危言》以明其背景。

總而言之，我在撰寫英文《國父傳》的過程中，搜討的工夫比較寫作的工夫要多得好幾倍。

五、人格與學問的關係是不可分的

最近我讀了雲五先生的一篇文章，那是民國五十年十一月間

在　國父九十六歲誕辰紀念會上所發表的，題目是〈從歷史與時代觀察國父的思想〉。雲五先生在文中說：「　國父——在中國歷史上無疑是一位完人——具有最完善的人格。」「《左傳》上說，人有三不朽，即立德、立功、立言；中山先生可以說是一身兼而有之。」這一說法，我可完全同意。關於　國父的生平，原是經緯萬端，就是化一年時間也說不完的；我今天所要說明的，比較偏重於其立德方面，也就是其人格方面。因為三不朽，尤以立德最為重要。

說到　國父的人格，其實人格與學問的關係是不可分的，也可以說，人格即是學問，學問即是人格。一般人的印象，常以為　國父對於國學的修養不太深厚，因此其思想比較傾向於西洋文化方面。但是經過這次研究的結果，認為這一印象與事實不符。我深深地覺得，　國父的思想與人格乃植根於中國固有道德與文化之上。

我以為要認識一位偉大的人物，那末，探究其幼年時代的環境與表現，最能令人明瞭他的個性。　國父生在農家——十四歲以前，他沒有離開過翠亨村。（這原是一個只有百餘人家的鄉村）他的家很窮，他從小就過勞動的生活——在農田上參與工作。正如孔子所說：「丘少也賤，故多能鄙事。」

六、《三字經》——國父上學讀的第一本書

國父七歲上學，第一本書就是《三字經》。其最初四句說：「人之初，性本善。性相近，習相遠。……」全書共約三百五十餘句，都是押韻的句子。內容包括天文、地理、歷史、哲學、倫理、心

理、生物、音樂等等，可以說是無所不包。在美國西東大學有一神父，原是我的學生，在研究所的碩士論文，即以《三字經》為主題，費時二載始成。《三字經》的內容，言簡意賅，間有不易索解，經與研討甚久，方能會通。

即如「人之初，性本善」一節，哲學精深，必先熟讀《論》、《孟》，乃可悉心體會。　國父當初是七歲的小孩，怎麼能懂得許多？據說　國父背誦工作，比一般同學靈敏，老師甚表贊賞。不過　國父是實事求是的人，他坦白地對老師說：「我雖念得很熟，只是口裏在念，心裏卻並不懂。」他對於這種教書方法，表示不滿。老師大怒，說：「幾百年來，《三字經》是啟蒙的第一本書，卻從來沒有聽見一個學生對課本和老師表示不滿。你難道敢批評前輩先生的教授法嗎？或者看不起古來的聖賢的教訓嗎？」　國父當時說：「我很尊重古聖先賢，也並不敢對前輩有所批評。不過我實在不懂，但求老師替我解說。」塾師氣就平了，即盡他的能力，為他詳加解說。

七、夜讀只許用一根燈芯

後來　國父對於經書的興趣，愈求愈濃，在家預備功課，十分起勁。每天他最先起床，最後睡覺。由於他的父母甚窮，晚上點燈，只許用一根燈芯。月明之夜，連一莖燈芯都不准用。　國父於是跑到外面在月光之下讀書。其刻苦用功的情況，類多如此。由此也可見得　國父對於讀書，在幼年時代已經發生了濃厚的興趣。

當　國父十三歲的時候，已經把四書五經都讀完了。　國父

對於國學的造詣，在這時候早已奠定了初基。因為由七歲至十三歲，七年之中，　國父朝夕所研誦者，惟有經書，惟有中文。由於　國父天資出眾，加以七八年不間斷的專心致志的鑽研——難怪他充分地吸收了古代聖賢的人生智慧。俗語說：「一日之計在於晨，一年之計在於春。」同樣地，一生的根本，就在於可塑性最大的幼年時代。

八、對澳門的觀感

等到十四歲時，　國父與他的母親楊太夫人，有夏威夷之行，以探視　國父的母舅與長兄德彰。他們先到澳門去搭輪船，——這還是他生平第一次到澳門。澳門雖稱繁華，實在只能代表西洋文明的黑暗一面。其地有賭場、妓院之類，凡都市之罪惡淵藪，無所不有。　國父對澳門的觀感，是一個標準中國青年的感想。他當時就聯想到《書經》上「五子之歌」所說的：

內作色荒，外作禽荒。

甘酒嗜音，峻宇雕牆。

有一於此，未有不亡！

原來　國父思想的根本，是在中國固有文化與人生哲學。他最初接觸西洋文明時，他的批評標準，就是他在十四歲以前專心攻讀四書五經而得到的原則。在澳門所接觸的，因不合乎我國固有文化的準則，所以他有不滿的反應。

九、西洋文明光明的一面

到了檀香山，情況就不同了。他看到西洋文明光明的一面——譬如說，社會秩序如何整齊，法治精神如何發達，人民生活如何舒適，生命財產如何的有保障，公務機關如何的廉潔而勤敏，郵政事業如何快速而穩當。他就覺得這和中國古代的風氣倒有相同之點——所以他加以很滿意的欣賞。

在　國父看來，有許多地方，西洋文明倒能滿足中國古聖所立下來的標準，而當年中國倒反退化了不成樣子。譬如說，科學就是能盡格物致知的能事，而做八股文既非格物，更無以致知。

總之，他批評西洋文明的好處與壞處，都是用我國古聖的教訓作準則的。他批評近世中國的政治，也用同一標準，他認為當時之中國，不顧公義，徒飽私囊，實離中道愈遠。他對西洋的革命、民主、自由、平等觀念，皆甚贊同；他的革命，即是湯武順乎天而應乎人的革命，〈禮運〉中的大同思想，是　國父一切政治經濟社會思想的中心點。他的思想，與唯物論的共產主義是絕對不相容的。

十、基督教義與我國倫理一貫

在　國父的時代，一般中國人以為歸依基督教，等於洋化，甚至於賣國一樣。可是在　國父看起來，基督的教義是和我國古來的人生哲學和倫理是一貫的。孔子的黃金律是「己所不欲，勿施於人」；耶穌的黃金律是「己之所欲，亦施於人」。這兩個黃金律，非惟沒有衝突，並且是互相補充的。照　國父的看法，基督

教並不要我們廢棄固有道德；反之，是要把固有道德加以刷新，充以活力。

說起　國父奉教的經過，和其信仰的誠篤，大有可歌可泣的地方。

十一、國父奉教的經過

他的信仰，是種根於檀香山讀書時代。他在意奧蘭尼 (Iolani) 書院認識該院院長韋禮士主教——是英國聖公會的傳教士。大部份的教員，也是虔誠的教士。　國父看到他們大公無私，愛人如己的精神，大受感動。一株樹的好壞，要看他所結的果子，果子既如此的良好，那樹的品質就可想而知了。於是　國父開始研究《聖經》，每星期日還去參與禮拜，每天校中有祈禱會，他也參加。後來在意奧蘭尼書院畢了業，轉學到奧阿厚 (Oahu) 學院，又逢到一位美國的牧師芙蘭諦文 (Frank Damon)，又是一位富於愛德的教士，就和　國父成為知己。

當時　國父的長兄德彰先生是十分守舊的人，尤其反對基督教，深恐　國父奉教。於是他秘密寫信給他的父親，請他叫　國父回國，重理國學，以免洋化。　國父既奉父親之召，只得輟學回家。那時（一八八三年），　國父已十八歲了。既回了翠亨村，覺得百無聊賴，悶悶不樂。惟一的消遣，是閱讀他隨身所帶的一本英文《聖經》。鄉人之中，只有陸皓東和他志同道合，時相過從。

十二、拔出偶像的臂膊

到了第二年（一八八四年），有一天，　國父偕陸皓東與一個

幼侄，走進北帝廟，見拜偶像者甚眾。於是告幼侄曰：「如北帝偶像有肉，則為真神，否則必偽。」乃教其拔去偶像的一隻臂膊看看。幼侄拔下一看，不見有肉，乃悟是迷信。他們就回家了，這時候一般看見小孩拔臂的人，就出去告訴鄉人，莫不震驚憤怒，打鑼聚眾，向孫家大興問罪之師。叫　國父是「瘋狂之子」。嚇得　國父的尊人達成公倉皇躲避。幸賴他的母親楊太夫人，出來與鄉人周旋，允出花銀十兩，打醮一壇，一場軒然大波，總算平息。

　　國父於是獨自離開家鄉，到香港去讀書。逢見喜嘉理 (Hager) 牧師，一見如故。數月之後，喜氏即為　國父施洗。領洗時，並改名為日新。

十三、為信仰不惜犧牲財產

　　德彰先生在夏威夷聽見了關於　國父的種種消息，他覺得他的老弟越來越洋化了。原來他在夏威夷，因從事農業和商業，成為一個最有財富的人，號稱為「茂宜王」。當　國父在夏威夷未進校時，曾助乃兄經營，處理珠算、簿記之類的事，井井有條，至為得力。德彰曾將他的產業之一半，以法律手續，分給　國父。原希望他中學畢業後從事商業，幫助乃兄發展事業。不料　國父對於財產漠不關心，一心只想在學問上求上進，並且要想改中國惡習，以求刷新中華。德彰越想越懊悔，不該將一半的產業轉讓給他的老弟──這不是助其洋化嗎？德彰就決意要　國父退還所分得的產權。於是寫信叫　國父回檀香山。　國父一到，德彰就將要他回來的原委，當面詳加說明。

　　國父很謙和地回答道：「這產業原是屬於大哥的，我本不應無

功受祿。我的奉教，也不是故意要使大哥難過，只是我不能違背我的良心。請大哥原諒。至於一切產權，我自甘願悉數奉還。」

德彰遂託律師辦理退還產權手續，　國父當即簽字，拋棄一切既得權利，如棄敝屣。　國父重視精神，輕視物質的素懷，於此可覘一斑。恐怕天下很少的人，能為宗教而犧牲一切財產，像　國父的樣子。

同時大哥德彰還希望他過了一些時間以後仍能留在夏威夷，重操商業。並且希望他能會漸漸地回心轉意，拋棄洋教，重新恭敬北帝。可是　國父卻堅決地要回國。德彰故意不給他旅費。他到檀香山就住在同道友鍾工宇的家裏。（工宇也是為了信教，被其家人逐出，乃以成衣為業。）芙蘭諦文牧師與工宇為　國父籌募了一筆旅費。

十四、不為良相便為良醫

在待船期間，　國父每日到杜南山牧師的地方去，研討教理。一日偶於杜牧師的書架上，看見許多有關醫學的書籍。　國父就問杜牧師為什麼？杜牧師說：「我向來很贊成范仲淹『不為良相，便為良醫』的抱負。」這一句話，就撥動了　國父的心弦，回到工宇的家裏，默想了好幾天。他覺得范仲淹的名言，尚有修正之必要。因為等到宰相做不成，再去學醫，豈不太晚？杜牧師問他：「你想怎麼樣做呢？」　國父說：「吾意一方致力政治，一方致力醫術。」於是打定了雙管齊下的方針，一面學醫，一面從政。

十五、勤讀二十四史

　　究竟　國父才力過人，說得出，做得到。不久以後，　國父即在廣州的博濟醫院附設醫科習醫，時為一八八六年。當時　國父寄宿校中，在宿舍的書架上，置有一部二十四史。同學多笑其無非聊資點綴而已！有一同學曾隨意抽出其中之一冊，就它的內容，向　國父發問，　國父立刻為之解答甚詳，此或出於偶然，乃再抽出七、八本書來，作同樣的考驗，　國父對其所提的問題，竟能逐一解答，應對如流。於此足以證明　國父對於二十四史確曾下了一番工夫，並非把它作為裝飾品。

　　後來，　國父於一八八七年春季，轉入香港西醫書院，在那裏耽了五年，一共研究了十二個門類的學科。畢業時，竟有十門因成績卓越，均為滿分而獲得了特獎。當時之西醫書院，現已成為香港大學之一部份。　國父學業成績之高，迄今無人能打破其紀錄。推原其故，　國父體健習勞，嗜讀成癖，原早植基於翠亨村的時代，而　國父手不釋卷之精神，洵非常人所能企及！

十六、嚴禁纏足令的遠因

　　孟子曾說：「大人者，不失其赤子之心者也。」　國父從小到老，他的所作所為，在在足以表示他的赤忱，他的偉大，也就在此。

　　當　國父幼時，看到長他四歲的大姐妙西纏足的痛苦，即曾懇求楊太夫人放了姐姐的纏足，楊太夫人當時告訴他說：「姐姐如果不纏足，將來會嫁不出去的。現在纏足的痛苦是暫時的，否則，將來的痛苦卻是終身的。」後來　國父就任第一任大總統的時候，他就發表了一道「嚴禁纏足惡習」的命令。從幼年到任大總統，

其間相隔了四十年，但他始終不失其赤子之心。

十七、門警有眼不識泰山

　　國父是一位沒有架子，生活最清簡，最平民化的人。　國父雖然做了大總統，依然衣飾簡樸，安步當車。這種平易近人的作風，當時就贏得了人們的愛戴。這裏就有一則故事傳為美談。

　　有一天，參議院開會。　國父穿著常服，徒步前往，到達門口。門警不認識他，看到他服裝很平常，竟以為是工人，阻其進入。真是有眼不識泰山，門警說：「今天參議院開會，只有大總統和議員們可以入內。你一個小工人，何以如此膽大。大總統看到了必定要打死你。快走！快走！」　國父笑笑的說：「大總統可不打人，也沒有聽過他打人。」說完就掏出一張名片遞給警士。警士一看，原來就是當今的大總統。門警跪地求赦，惶恐萬分。　國父大笑地扶他起來說：「你不要害怕，大總統絕對不打你哩。」由此可見　國父不但氣度寬宏，而且富有風趣。　國父深知道，做人的價值，不在於地位之高下，與財富之多少，而在於光明磊落的胸懷，而且由於　國父出身農家，久居農村，因此養成了他健康的體魄與平易近人的風範。　國父一生，除北上逝世時之外，未嘗進入醫院，所謂有非常之精神，乃有非常之事業，此言洵非虛語。

十八、國父與林肯

　　我們知道美國的林肯總統，他在蓋茨堡發表過一篇膾炙人口的歷史性的演說，指出民有、民治、民享，是民治的三個要素。

林肯死於一八六五年，而　國父生於一八六六年，彷彿是在人類民主的奮鬥途中交接棒子似的。

　　林肯不但在美國政治史上是一個特出的偉人，而且對於全人類有深長的意義的。這在西洋歷史上，是一個僅有的現象。而國父在我國和世界前途的重要性，較之林肯，實有過之而無不及。林肯心地的光明與愛人的赤忱，原同　國父一樣，不過在學術方面，　國父的確比林肯更要偉大。　國父的活動半徑與接觸面，實在是廣闊到了極點。

十九、國父綜合東西文化

　　國父的學問，由深而廣，由廣而深。其深度是從中國學問而來，其廣度則是從西學而致。由此可見　國父學問的出發點是國學，而歸宿點也是國學。若就世界的意義而言，　國父更能開出了一條光明的大道，為將來東西文化的溝通與綜合的必經之路。

　　關於這一點，魏理賢說得最為切當。魏理賢說：

> 孫逸仙之偉大，在於他能在儒家的根本原則與現代的需要之間，找出了一個活的綜合。這個綜合在中國國內，固然有極大的影響，但是推而廣之，於全世界人類的將來，也具有深長的意義。

> 孫逸仙在一方面，既具備了一個革命家百折不回的毅力，同時還兼有著一個救世者民胞物與、悲天憫人的胸襟。在人類歷史上，孫逸仙是最仁慈的一位革命家。這個仁愛精

神，是從孔子的道統裏承繼下來的；因此，他的學說構成
了舊時代和新時代的橋樑，中華民族如果能以不可動搖的
決心，實事求是地踏上這個橋樑，一定可以達到中興的目
的。

　　我在這裏，只好加一個小小的修正。我以為　國父所繼承的，
不僅是儒家的傳統，而且乃是整個的中華文化精神。實兼包並容
了儒道墨名等各家之長而有之。儒家固然是中華文化的重要主流，
不過不能代表全體。總之，　國父的學問與人格，其根基是種在
中華文化精神之中，這，在他的幼年時代，當他在翠亨村讀書的
時候，已經奠定了初基，這在前面已經加以說明了的。

二十、三民主義與共產主義格格不入

　　特別是　國父手創的三民主義，就是建立在固有道德上。他
是以古文化為樹幹，而將西方文明作了移花接木之術。　國父有
宗教思想，主張天人合一，這與共產主義的無神論，是水火不相
容的。　國父弘揚人道，發揚人性，提倡人本主義，與共產主義
的唯物論，也是格格不相入的。再，　國父維護固有文化，不遺
餘力，並設法使其發揚光大；以與今天大陸上的共匪，以「文化
革命」為名，而毀滅一切固有文化，自亦不可同日而語。因此
國父思想的博大精深，是舉世無匹的。我們的　國父，這位世界
的偉人，他就代表了中華民國的民族性，也是固有文化精華的象
徵。

　　去年十一月十二日　國父一百零一歲誕辰的時候，　總統發

起中華文化復興運動，揭示倫理、民主、科學三端，作為文化復興運動的基礎，這顯然是一項劃時代的舉措，由於民族的文化，就是國家的命脈和靈魂。我們能夠把握住這個命脈和靈魂，中華民族的復興，自必可操勝券。

二一、國父抑強扶弱的精神

最後我想再引述一個關於　國父的故事，作為這次演講的結束。

國父的個性，是抑強扶弱，而非欺善怕惡。抑強扶弱，乃我國策，也就鑄成了中華的民族性。當　國父十五、六歲的時候，正在夏威夷讀書。　國父當時頭上是有辮子的，同學們不免把它作為開玩笑的對象，時常用手拉　國父的髮辮。　國父最初也是忍耐；後來有高班生十餘人，爭相戲弄。　國父也就大發雷霆，以一人之身對付十餘人，所向披靡。然而有時有一些比　國父還年幼的學生拉拉　國父的髮辮時，　國父回頭一看，是一些幼年生，也就一笑置之，不以為忤。時日稍久，校中同學亦無復敢戲弄之者。這種不畏強梁，抑強扶弱的精神，正是　國父偉大人格的一種表現。

《詩經・烝民》有曰：

人亦有言：
柔則茹之，剛則吐之。
維仲山甫。——
柔亦不茹，剛亦不吐；

不侮矜寡，不畏強禦！

這一首詩，正可以作為　國父人格的寫照。

我們知道，列寧的政治格言說：「你的槍上的刺刀，如果碰到硬骨頭，就拔出來。如果碰到軟塊或嫩肉，就刺下去。」這種欺善怕惡的哲學，和　國父抑強扶弱的精神，真如南轅北轍，實有天淵之別。

　　——五十六年六月四日中華學術院在國立臺灣藝術館舉行第四次學術講座時講，陳如一先生筆記。

總統的文化觀

一、引言

　　許多人在問，我們到底幾時才能反攻復國？殊不知我們反攻復國的運動，現在已經開始了。我們在這個復興基地所有種種驚人的建設，無非是反攻復國的基礎與準備。而近年來　總統所倡導的中華文化復興運動，更是光復大陸，拯救淪陷同胞的開始。因為，這個運動實在是我們國內外文化人士的總動員。

二、文化的內容

　　中華文化復興運動既然是這樣的重要，那麼我們對於　總統的文化觀，越發需要仔細研究，希望獲得一個正確的認識。首先，我們要明白，　總統對於文化的觀念是無所不包的。凡是真的、善的、和美的，都是文化的構成分子。為了推行上的方便，　總統曾具體地提出了倫理、民主、與科學的三個綱要。可是，我們要注意，這三個綱要都是廣義的。比方，「倫理」是包括道統與宗教，「民主」是包括群育，而「科學」是包括一切學術——除了狹

義的自然科學以外，還兼含著經學、文學、史學、藝術、音樂等
等的各種學術。

三、科學的涵義

　　現在先對　總統的科學觀，加以研究。　總統說：「我們今日
要講求科學，不能單從『數學的』、『方程式的』科學的角度，來
以偏概全，我們必須先認識科學的精神，必須先了解科學的真義。」
（見秦孝儀先生編《蔣總統嘉言錄》，第一輯，二〇九頁。以下簡
稱《嘉言錄》）照　總統的看法，科學的精神在「實事求是，精益
求精」。論到科學的對象與方法，　總統認為科學就是格物致知的
工夫。他說：「怎樣叫格物呢?『格』就是『分析』，『物』就是『事
物』，『格物』就是分析事物之理。所以說：『致知在格物。』格物
了，就要一步一步的去做，所以說：『物有本末，事有終始。』」（《嘉
言錄》第一輯，二一〇頁）這裏須要特別指出的，是科學的對象
不僅是物質，而是天下的一切「事物」。至於科學的方法，除了分
析，還要用綜合。　總統說：「科學之可貴，乃在於實事求是，精
益求精。而他的作用又在能使複雜的事務，經過分析以後，綜合
起來，使之簡單、易行、迅速、確實。」（《嘉言錄》第一輯，二一
一頁）大概說起來，分析是「唯精」的工夫，而綜合乃是「唯一」
的工夫。沒有分析，便不能格物。沒有綜合，便不能致知。必須
有分析與綜合雙管齊下，才能得到「統一真實的知識」。　總統對
於科學曾下了一個極為正確的定義說：「凡是以一定的對象，作為
研究的範圍，而於其中求得統一真實的知識的，就叫做科學。」（《嘉
言錄》第一輯，二〇七頁）在這個完美的定義之下，凡是有價值

的學問——無論哲學、經學、史學、社會學、法學、經濟學、文學、藝術、音樂——都可包括在「科學」之中。因為，科學與非科學的分界，是在於方法與態度，而不在於對象的特殊。　總統曾說：「宇宙之範圍，皆為智的範圍。」我們可以補充一句說：智的範圍，也就是科學的範圍。

四、一切以道德為本

像　國父一樣，　總統的思想是以道德為中心的。所以　總統提倡科學並不是偏面的，而是與倫理同時提出的。倫理是主體，科學是實從。這樣，人類才能享受科學的好處。不然的話，科學將成為破壞的工具，而人類反受其害。　總統曾說：「科學愈發達，物質文明愈進步，而道德愈低落，精神生活亦愈貧乏。」(《嘉言錄》第一輯，二三八頁) 這是對於現代西洋文明一針見血的評語！總統高瞻遠矚，深知偏重科學，有智無仁的流弊，所以強調提倡我國固有道德的復興和發揚光大。同時，他對於物質文明，也並不主張因噎而廢食。他雖然認為「精神勝於物質，妙用在於一心」，但是他並不是偏向於唯心主義者。他所主張的是心物一體論。他說：「精神離了物質，既無由表現；物質離了精神，亦不能致用；所以精神與物質，實為一體之二面，或者說一物之二象，相因而生，相需而成。」(《嘉言錄》第一輯，二三五頁) 這個主張，可說是我中華中和之道的特達表現。

五、中華文化的根本精神

依　總統的看法，仁愛是眾德的綱領。他說：「中國的正統哲

學，就只是一個仁字，不過其仁要在能行。」《嘉言錄》第一輯，八五頁）他又說:「仁愛是我們中國哲學的中心思想所在。」（同頁）「倫理的基本精神在於仁愛。」《嘉言錄》第二輯，六九頁）這個灼見是和孔子的學說一氣相貫的。《論語》一書可說是一部仁學。《禮記·儒行》曾引孔子說:「溫良者，仁之本也。敬慎者，仁之地也。寬裕者，仁之作也。孫接者，仁之能也。禮節者，仁之貌也。言談者，仁之文也。歌樂者，仁之和也，分散者，仁之施也。」可見在孔子的心目中，仁是一切道德的根本，也是一切道德的目的。歸根結柢，　總統的一切教訓，也不外乎一個仁字。倫理是仁的基本，民主是推行仁道的保障和必具條件，而科學是行施仁道的必要工具。

　　總之，中華文化的內涵是非常豐富的，是多彩多姿的，而其中貫通一切的精神與最高原則，卻不外乎一個仁字。這一與多的大綜合，就是《易經·繫辭下》中所謂「天下同歸而殊塗，一致而百慮」。這也就是　總統的文化觀。

六、中華文化的特殊風格

　　要澈底了解　總統的文化觀，我們必須認識中華民族的特性——中和之道。　總統說:「中國的民族德性，是自尊而不自大，自謙而不自卑的。所謂『高而不亢，謙而不卑』，正是我們民族德性的正確說明。」《嘉言錄》第二輯，六八頁）換言之，中國的民族是剛中有柔，柔中有剛的。這個剛柔相濟的中和之道，是發源於我們中國人的宇宙觀。　總統說:「我中國傳統的哲學思想，認定宇宙一切都是和諧平行，相輔而成的。」《嘉言錄》第一輯，一

八〇頁）他又說：「天下一切事物，固與其周圍現象有密切關係，但其根本是彼此協調，和諧而並行不悖的。它們不需要經過矛盾統一的過程，其本身自具有一種『中和』的本能，來求其均衡發展和互不相害。」（同上，一七八—一七九頁）原來宇宙間的一切事物，無一而非陰陽二氣互相錯綜調協和循環往復的結果。關於這一點，陳立夫先生曾說：「相對的任何一方面極度的發展，可能走向相反的一方面，例如連續三次向左轉，就向了右，繼續不斷向東飛會飛往西去，所以說物極必反，否極泰來，若欲求廣生與長生，須得無過亦無不及，而以『中庸』為貴。」（〈中華文化復興運動的性質與中華文化的特質〉）

　　葉守乾先生，在他的〈中華文化的根源〉一文中，也曾用「否」「泰」兩卦，來說明中和之重要：「所謂陰陽合一就是陰陽要調和。陰陽為什麼要調和？我們舉《易經》兩卦來看，就可知其精神。㈠☷（否）——在此卦中，乾屬陽，陽氣上昇，坤屬陰，陰氣下降。陰陽背道而馳，則萬事不通，所以名為否卦。㈡☰（泰）——坤屬陰、陰氣下降，乾屬陽、陽氣上昇，陰陽合一，則風調雨順，國泰民安，所以名為泰卦。」

　　其實，最能表達易理，莫如「謙」卦的〈彖辭〉：「謙亨。天道下濟而光明，地道卑而上行。天道虧盈而益謙，地道變盈而流謙，鬼神害盈而福謙，人道惡盈而好謙。謙尊而光，卑而不可踰，君子之終也。」

　　這就是中和之道形上學的根據。　總統的思想是深深植根於形上學的。但是他的言論，是深入而淺出的。因為他是民族的導師，所以他的言論不得不求其明白易曉。我們如果能細心研究，

一定會發現 總統的真知灼見都是從形上的靈慧發出來的。比方，他曾昭示我們說：「如果動靜云為，皆能中節適度，合乎情理，便是『中和』，亦便是『允執厥中』，則無事不舉。」（《嘉言錄》第一輯，一九九頁）又說：「『和』是喜怒哀樂發現時，一切言行，皆能中節而並無過與不及之處，這樣的『中』就是天下之大本，這樣的『和』就是天下之達道。」（同上，二〇〇頁）

總統在討論具體的問題時，也無處不主張「和諧平行，相輔而成的」。比方，對於理論與經驗，他就說：

> 經驗可以產生理論，亦可以證明理論；理論可以矯正經驗上的偏差，亦可以補救經驗上的不足，這原是不可移易的定理。但是通常一般人，不是在理論上執著，即是在經驗上執著。偏重理論的，多數把經驗看成偏見，而偏重經驗的，又認為理論半屬空言。其實兩者都是一偏之見。惟有理論不悖於經驗的，其理論才是顛撲不破的真理；經驗能符合於理論的，其經驗才是「經一塹，長一智」的寶貴經驗。因此大家既要尋究原理（理論），又要力求實驗（經驗），那才能克服主觀的以及本位的偏見，獲致其思考力與識別力的平衡。（《嘉言錄》第一輯，二四三頁）

七、中和之道的引申

總統光風霽月，清明在躬。在他的宇宙觀中，一切都是平衡，一切都是和諧。他的文化觀，也是這樣。論到禮與樂的作用，總統曾說：「禮的本義是節制情感，樂的本義是調和情感。所以禮

的作用是『節』，樂的作用是『和』，在這節與和兩重作用之下，達到情感與理智和諧的境界，這才是禮樂的本義。」（《嘉言錄》第二輯，二一三頁）論到美術，　總統說：「美術的最高境界便是智德合一、身心和諧的境界。」（同上，二二二頁）一切藝術莫非是中和之道的表現，正如　總統所說：「所謂音樂的藝術，必使音調抑揚高下，疾徐頓挫，合拍中節，融洽無間，方能合於藝術的標準；又如繪畫的墨韻之濃淡深淺，長短粗細，必使其合度適中，生動自然，形容畢肖，不能有分毫差異。這種中節合度的音樂與繪畫，才能臻於真、善、美的至然境域，必須如此，乃可稱之為『惟精惟一』的藝術化了。」（同上，二二一頁）

八、人生的藝術

從一方面看來，藝術是人生的一部分。從另一方面看來，整個人生就是個大藝術。我們平素做人，如能以中華文化的精神為精神，並以中華文化的風格為風格，那麼，我們一舉一動，一言一語，無非是中華文化的表現。古人曾說：「道在灑掃應對之中。」這就是說，我們如果有仁愛的精神與中和的風格，那我們雖做小事，也能發揚大道。孟子說：「君子所性，雖大行不加焉，雖窮居不損焉，分定故也。君子所性，仁義禮智根於心，其生色也睟然見於面，盎於背，施於四體，四體不言而喻。」（〈盡心上〉）本來一位藝術家的偉大，不在其對象的大小，而在乎他手法的高明。從前我們有一個很大的畫家牧谿，繪了六隻柿子，現在外國的鑑賞家公認那幅畫為世界名畫之一。人生的藝術，亦復如是。所以　總統極端注重日常的生活。他說：「毋虛慕高遠，而於最平實，

最淺近之處做起，則高深學問，即在其中。」（《嘉言錄》第一輯，六七頁）這就是「極高明而道中庸」的心傳。　總統曾自述說：

> 大家都曉得，我自幼小，就自己掃地燒飯，非常刻苦耐勞，在家聽從父母的話，入學敬重先生。我父親過世之後，免不了別人的欺侮；我總聽我母親的話，安分忍耐，有時被我母親打了罵了，一點也不怨，一點也不恨。所以我現在一天到晚忙碌，精神始終如一，這無非是幼小養成的習慣。（見蔣經國先生著《一位平凡的偉人》）

　　總統的事業，當然不是個個人所能企及的，但是我們卻不可不效法　總統做人的精神與風格。我們如能以他的精神與風格，來盡我們各人的本分，那便是復興中華文化最有效的方法。不能否認的，　總統對於人生的大藝術，是具有天才的。不過要曉得，所謂「天才」，是百分之一的靈感加上九十九分的血汗（這是美國大發明家愛迪生的名言）。我們只要能領會　總統的靈感，再效法他百折不回的恆心，誠實無欺的美德，不怨不尤的雅量，和堅苦卓絕的努力，我們也一定能夠完成我們的人格。孔子曾說：「或生而知之，或學而知之，或困而知之，及其知之一也。」這對於我們後知後覺者是一個無限的鼓勵。我們縱使不能由知而行，總可由行而知。

九、一個蒸蒸日上的文化

　　最後，我們要特別提出一點。所謂復興絕對不是復古或泥古

的意思。中華文化不是一成不變的東西。它之所以能歷久而彌新的緣故，就是因為它是一個生機蓬勃的活傳統。正惟它無時不在吐故納新，所以它能活得這麼長久，而且到現在還是蒸蒸日上，方興未艾。它好比一株大樹，它的根本是不變的，但是它的枝葉花果卻是隨著時節而更新，中華民族很早就發見日新又新的重要性了。這個發見也就成為中華文化本質的一部分。所以　總統說：「……我們今天就還有不少人誤以為復興文化，是消極的，是復古的。殊不知，中華文化有其日新的特質，亦有其創新的特質，亦有其創新的精神。『復』是恢復其固有已失的潛力，所以其義乃為復生；而『興』是創造其與時俱進的活力，其義乃為發揚。所以文化復興運動，不止是積極的，而且是向前的，也不只是發揚本身的優點，而且是要吸收外來的長處。」（五十七年〈國父誕辰及中華文化復興節告全國同胞書〉）

我們不要忘記，復興中華文化，也就是實行三民主義。因為三民主義是中華文化的最新結晶。不但如此，三民主義在全世界政治思想上也佔了極端重要的地位。在歐美有識之士中間，有一句很流行的話說：「自古以來，民主思想有四大文獻。第一是耶穌〈山上寶訓〉，第二是英國〈大憲章〉，第三是美國〈獨立宣言〉，第四是《三民主義》。」三民主義的實際效用，在這個復興基地已有充分的明證。這些年來，我們的外交，也是根據三民主義互助合作的原則，因而也有令人快慰的美果。只有中華文化能產生三民主義，也只有三民主義能發揚中華文化。　國父是三民主義的發明者，而　總統是三民主義的充實者與發揚者。我們只要在總統領導之下，一心一德實行三民主義，那就是踏上了復國興邦

的康莊大道。我們要知道,「今日之反共鬥爭,推本溯源,實為思想與文化的戰爭,未取決於疆場,先取決於人心,不專恃武力以制勝,而尤繫於道德精神之重振。」(《嘉言錄》第二輯,二三一─二三二頁)

總統的人生哲學

一、 導言

　　總統的人生哲學是徹頭徹尾，上下一貫的，好比一棵靈樹。它是以天道為根本，人倫為主幹，物理為枝葉，文化為花朵，而其最後的果實，則在全民的身心康樂，乃至於大同世界之實現。這個生機蓬勃的哲學體系，也最能代表我們中華民族的人生觀。在這個活潑潑的體系中，一切哲學上的問題，例如天與人，大我與小我，心與物，一與多，形上與形下，科學與宗教，政治與經濟，文與武，知與行，新與舊，東方與西方——總之，人生的一切問題——都有一個著落，而各得其所。在西洋的哲學中這些兩邊的對立，往往各趨極端，互相對敵，不能融合在一起，單就心與物的問題而論，注重於心的，便忽視了物，而演成為唯心哲學。注重於物的，便忽視了心，而演成為唯物史觀。在我們中國人看起來，一切對立的兩邊，是對偶，而不是對敵。對偶不但沒有矛盾，而且像陰陽昏曉，相需而成的。

　　宋儒程明道先生曾說：「天地萬物之理，無獨必有對，皆自然而然，非有安排也。每中夜以思，不知手之舞之，足之蹈之也。」這裏所謂「無獨必有對」不是敵對或反對之意，乃是對偶之意。這就是中國的辯證法，與西洋的唯心的辯證法和唯物的辯證法，是截然不同的。所以　總統說：「說到辯證法的原理，並不是什麼新奇的東西。這些學術，我們中國先哲遠在三千年以前，如《易經》所謂『一陰一陽之謂道』，就是陽為『正』，陰為『反』，太極為『合』的意思，而且其哲理，遠較現在辯證法『正反合』之說，為高明而深邃得多。」（〈解決共產主義思想與方法的根本問題〉）我們要了解，《易經》所謂「一陰一陽之謂道」，還是指道的運用方面而言的，不是講道的本身。道的本身，絕不是陰陽所產生的。反之，陰陽乃是道所產生的。所以說：「太極生二儀」。所謂「太極」就是道的別名。所謂「二儀」，就是陰陽。「太極生二儀」就是道生陰陽的意思。據此可見我國的辯證法，是植根於形而上的天道的。如果沒有天道，就談不到什麼「正反合」了，正惟正反兩者，原來是同一根本的，所以它們才能相合。

二、總統的「太極」觀

　　在　總統的看法，「太極」就是黑格爾所謂的「絕對」。　總統說：「我以為黑氏所說『絕對』，乃是『獨一無二』之意，亦是至高無上之意，而不僅是指包羅萬象的完整體而已。在西方來說，這獨一無二的『絕對』，就是指創造宇宙萬物之主──上帝（神）。若依照我們中國哲理來說，那就是指『太極』──上天（神）。」

（〈解決共產主義思想與方法的根本問題〉）

　　我們在上節所引程明道先生「天地萬物之理，無獨必有對」的話，與　總統這裏所講的「獨一無二的『絕對』」，並沒有衝突。因為明道先生是講萬物，不是講天道，萬物是無獨必有對的，而天道則是獨一無二的。

三、心物合一論

　　像　國父一樣，　總統認為唯心唯物兩派的哲學，各有所偏，都不是哲學的正宗。唯心論固是鑿虛蹈空，流弊百出，而唯物論更是鹵莽滅裂，其為害甚於洪水猛虎。　總統說：「共匪就是澈底的唯物論者，蔑視精神，毀滅人性，猖狂妄為，盲目冥行，已引起全國人民和世界愛好自由民族絕對的反抗。其最後必因這種哲學思想的矛盾而歸於敗亡，是毫無疑問的。」（〈總理「知難行易」學說與陽明「知行合一」哲學之綜合研究〉）

　　總統指出最近西洋哲學的趨向，和我們中國的思想，漸趨一致，這是一個最有意義的現象。　總統說：「我們　總理民生哲學思想，乃是不偏於唯心，亦不偏於唯物，而以民生為歷史進化的重心，可說是綜合心與物二者的最高理想。這與近代哲學界『中立一元論』完全相合。近代哲學自懷黑德教授批評『自然二分法』的錯誤以來，產生『心物合一』的新理論，其大意謂物質不能離開心靈，對象不能離開思維。換言之，就是心與物二者並無嚴格劃分的界限，既無所謂物，亦無所謂心，一切惟『事』而已。這種所謂『事』，就是人類憑其精神知覺，體察自然，運用物質各項

生活之總稱，也就是心與物的綜合。」（同上）這「物質不能離開心靈，對象不能離開思維」的新理論，依　總統哲學的眼光看來，是與中國哲學所說「理之外無氣，氣之外無理」之理論，不約而同。可見　國父之不偏於唯心唯物，而著重於人性論的民生史觀，在原則上，是絕對符合科學最新的理論。「所以　總理的哲學，遂成為世界不朽的學說，由此更足以加強我們的信心，相信　總理三民主義的理想，必然實現於中國，弘揚於世界。」（同上）

四、宗教與科學

在西洋──尤其是在十九世紀──一般的人士，認為科學與宗教，是互相敵對的，以為科學漸進，必使宗教漸退。科學進步，若到了極點，宗教的信仰，就將無地自存了。到了二十世紀，科學思想，突飛猛進，而最前進的科學家，像那位發明相對論的愛因斯坦，卻主張科學越進步，將使人類對於宇宙的存在，越發感覺得玄妙神奇。「這玄妙神奇的感覺，乃是一切藝術，一切科學的活泉。這個對於人生玄妙之直覺，令人發生敬畏之感，也就是宗教的源頭。」於此可見宗教與科學，不但沒有衝突，而且是同一淵源的。

總統的看法，也是與愛因斯坦相同的。他說：「今日世界，自從原子彈出現，一直到目前氫彈與鈷彈的相繼露面以後，確實使人類都染上了世界末日將臨的恐怖和惶惑不安的情緒，這原因，實在就是我們可憐的人類，自己動搖了對真理──上帝──的信心！大家只看到物質進步和武力競逐之可怕，而對於精神和道德

的力量，都一概抹煞，認為是不值一文的東西，所以現在世人幾乎完全失去了他寄托和安息的所在，於是他對世界一切都自覺其虛空的，悲哀的，因而發生了疑懼和怯懦的心理，所以有些人就打算出賣他所持守的真理，而與邪惡妥協，苟安一時，甚至對魔鬼低頭屈服，亦所不惜。那裏知道他越是抹煞真理，疑懼邪惡，他就越會自投羅網，甚至重蹈覆轍，墜入魔鬼永劫不復的火坑，你看這樣真理掃地，信仰蕩然，喪失了靈魂的世界，只見物質威力的恐怖，而毫無道德的勇氣和精神的力量，如此怎能使邪惡不橫行，魔鬼不抬頭呢？然而這並非是物質本身的罪惡，只要我們能符合上帝創造萬物的真理，而能增進人類的幸福，那物質的進步，就是世界的福音。所以運用物質，必須以精神為基礎，以正義為目標，就是不能違反真理，而後這物質文明，才能發揮其真正的效用。其實真理是在我們每個人內心之中，而且神是與世人同在的。只要我們信賴著真理，堅持著信仰，並能為真理而奮鬥，像耶穌基督一樣，為真理而流血，而犧牲，那我們亦就能在真理中獲得永生。」（民國四十三年〈耶穌受難證道詞〉）

這就是　國父所說：「本基督救世之苦心，行孔子自立立人自達達人之美意。」（見《國父全書》八七七頁）

國父與　總統都是基督的信徒，但是在政治的立場上，他們對於一切宗教，當然是一視同仁，不分彼此的。所以　總統在〈民生主義育樂兩篇補述〉裏，就泛論一般宗教乃是精神的安定力。他說：「人之所以異於禽獸者，在其有精神生活。精神得不到安定，人格便陷入破碎的境域。個人不能保持其人格的完整，社會也就不能保持其安定的秩序和良好的風氣。」

　　現代的心理學家也嘗試以科學方法來治療人類的精神病。如
果是神經系統有了病，在醫學上並不是沒有治療的方法，但是要
一個人收拾其破碎的心理，養成其完整的人格，科學是無能為力
的，惟有信仰宗教和人生哲學的基本思想，才是人格的內在安定
力。

　　總之，科學與宗教之並行不悖，而且可以互相參證，我們可
以舉一個最淺近的例子。最近太陽神十一號之太空人，在登月程
中，觀察宇宙之無窮，更感覺造物主不可思議的偉大。有一位太
空人遽然詩興勃發，背誦了幾句《聖詠》說：

　　　　靜觀宇宙內，妙工何輝煌。
　　　　瑞景燦中天，星月耀靈光。
　　　　何物渺渺身，乃繫爾慈腸。
　　　　何物人世子，聖眷迥異常。
　　　　使為萬物靈，天神相頡頏。
　　　　本自土中生，冠冕獨堂堂。（《聖詠》第八首）

這也可以說是太空時代的一個佳話！

五、人類進化的特點——「一種向上的衝動」

　　總統的人生哲學既是心物合一的人本主義，所以我們必須了
解他對於「人」的進化是作如何看法。在〈革命哲學的重要〉那
篇演講中，　總統曾說：「人本是一個爭生存的動物，但因為人類

進化，生命就有一種向上的衝動。這一點向上利他的衝動，存之於心便是『德』，施之於物便是『善』。故『德』貴自覺，而『善』貴及人，自覺就是『明德』，及人就是『至善』。所以一個人有利他的傾向，便能由親親而仁民，由仁民而愛物。凡是一個人愛父母兄弟，愛人類，愛社會，愛國家，愛民族，都是一點利他心的擴充。」

　　這一段話，是　國父進化論的引申。　國父也曾說過：「至於宗教的優點，是講到人同神的關係或同天的關係，古人所謂天人一體。依進化的道理推測起來，人是由動物進化而成，既成人形，當從人形更進化而入於神聖。是故欲達成人格，必當消滅獸性，發生神性，那麼，才算是人類進步到了極點。」（〈國民要以人格救國〉）

　　觀此益見　總統與　國父無處不是心心相印的。宇宙的進化中，原有一個內在的向上衝動。在每一個劃時期的進步，忽然出現了一種新興的品質，這個首次出現的品質，就是那「向上衝動」的表現。譬如從礦物進化到植物，從植物進化到動物，從動物進化到人類，都是宇宙進化中的大階段。依照英國哲學家亞歷山大氏 (Samuel Alexander) 的看法，這些大階段，都是進化中向上衝動的作用 (Nisus or urge toward a still higher quality)。而這個向上衝動的表現，也就是神性的表現。對於動物而言，人類的出現，已經是神性的突然發現了。這與我國「人為萬物之靈」的意思，是不約而同的。但是對人類來說，神性卻是還沒有實現，人類現在還是憑著那不息的向上衝動，勇往直前，趨近這個神性（見亞歷山大氏所著《空間，時間，與神性》一書。原文為 *Space, Time and*

Deity，一九二〇年出版）。

國父與　總統的真知灼見，往往與西洋最新最精的學說暗合，可以互相參證。同時他們二位的學說，又是深深植根於我國固有的人生哲學的，尤其是儒家哲學。天人合一的道理，是根據孟子的人性觀的。孟子的理論，是以《中庸》所說「天命之謂性，率性之謂道，修道之謂教」為出發點的。人性既是天所賦予的，所以可斷言是善的。性是仁義禮智之根苗，能把這些根苗盡量發展，那就是所謂「道」。

　總統也曾說「人性就是天性」。所以人類如能把寓於人性的仁義禮智發達到了極點，那就是完成人性，而完成人性，就是完成天性。如能完成天性，就是　國父所謂「發生神性」。關於這點，孟子說得最透澈的：「可欲之謂善，有諸己之謂信，充實之謂美，充實而有光輝之謂大，大而化之之謂聖，聖而不可知之之謂神。」

經國先生告訴我們，　總統對於《孟子》一書，特別欣賞。（見〈負重致遠〉七七至七八頁）。諦觀　總統的言論，幾乎處處與孟子的哲學，互相發明。孟子所謂「多難興邦，殷憂啟聖」，尤足鼓勵我們中華民族的自信。

六、一個利他的人生哲學

　總統所說「向上的衝動」，也就是「利他的衝動」。當然的，總統對於修己的功夫，是極端重視的。但是他的最後目的，還是在於救國濟人。他說：「『成物』為『成己』的目的，而『成己』又為『成物』的前提。」（《國父遺教概要》）這與孔子說的「己欲

立而立人，己欲達而達人」和「修己以安百姓」的理想，是一貫的。所以　總統說：「中國幾千年來倫理觀念，都是利他的，不是利己的，所以中國民族的固有特性，是和平的，寬厚的和光明的。」（〈本黨國民革命和俄國共產革命的區別〉）

　　總統得天獨厚，他的性情是特別富於仁愛。他的言論，都是從身體力行所得到的經驗。譬如他說：「助人是我們人生第一無上的快樂。」（《國父遺教概要》）這看起來平平淡淡的一句話，不知道經過了多少犧牲，才能證悟得如此深切。不錯，正像老子《道德經》所說：「聖人不積，既以為人己愈有，既以與人己愈多。」又說：「聖人後其身，而身先。外其身，而身存。非以其無私耶？故能成其私。」但值得注意的是：當你助人的時候，你並不想求自己的快樂，你只是用盡心力，流盡血汗，要想救人於苦，拔人於難。而你所收穫的內心快樂，好像突如其來的不速之客，決不是你夢想所及的。

　　人生的真智慧，沒有不從艱辛困苦中證得的。所以　總統說：「一個人的智慧能力的發揮，並不是得自書本，而是從無數危險的經驗中困心衡慮，體察鍛鍊出來的。」（〈游擊幹部應提高革命精神與基本技能〉）釋家有一句名言說：「煩惱即菩提，菩提即煩惱。」這與　總統平生的經驗，又可以互相參證的。

　　其實　總統利他主義的哲學，也可稱之曰十字架的哲學。總統為我們的國家民族，自從青年時代立志獻身革命，以至於今，已經負了六十多年的十字架。但　總統不維不怨不倦，而且還是朝氣盎然，精神健旺。若不是知仁勇的哲學修養，和信愛望的宗教修養，那得有如此驚人的美果？孔子說：「歲寒然後知松柏之後

凋也。」中華民族，固然如此，　總統也是如此。

　　所謂十字架的哲學，就是　總統所常言的「犧牲小我，成全大我，犧牲個人一己的利益，以增進團體共同的利益，一部分人忍受一時的痛苦，以解除全體人民無窮的痛苦。」（〈黨員守則淺釋〉）　總統又說：「革命就是犧牲，犧牲就是服務」、「以服務利人為人生目的，而不以奪取利己為目的；以互助合作為生活的根據，而不以仇恨鬥爭為根據。」　總統的利他主義，其淵源是在他的革命人生觀。這個人生觀，可以用他的兩句名言來代表：「生活的目的在增進人類全體之生活，生命的意義在創造宇宙繼起之生命。」

七、一個日新又新的文化

　　三民主義是一個典型的中華產品。雖然　國父學貫中西，容納了古今中外各種思想而冶於一爐，但其根本精神完全是屬於中國的，正如　總統所說：「　總理的主義學說，除形式上富於時代的色彩外，其本質，方法，作用，完全與大學之道相符合的。所以可以說，『三民主義』就是『明德』『親民』的道理。」（〈革命哲學的重要〉）　國父自己也說：「對於國家的觀念，中國古時有很好的政治哲學。我們以為歐美的國家，近來很進步，但是說到他們的新文化，還不如我們政治哲學的完全。中國有一段最有系統的政治哲學，在外國大政治家還沒有見到，還沒有說到那樣清楚的，就是《大學》中所說的『格物、致知、誠意、正心、修身、齊家、治國、平天下』那一段話，把一個人從內發揚到外，由一

個人的內部做起，推到平天下止。像這精微開展的理論，無論外國什麼政治學家都沒有見到，都沒有說出，這就是我們政治哲學的智識中所獨有的寶貝，是應該保存的。」（〈民族主義〉第六講）

單就民族主義而言，已可看出　國父思想的特點了。在西洋，自從十六世紀以來，民族主義逐漸發達。後來民族主義一變而為絕對的國家主義，直至十九世紀，國家主義又演成了帝國主義。在本世紀，兩次大戰，無數小戰，都是帝國主義的結果。現在白色的帝國主義方在消失，而赤色的帝國主義正在囂張。

國父所提倡民族主義，與西洋的民族主義，其精神與內容完全兩樣，簡直不可同日而語。我們的民族主義是王道的，不是霸道的。　總統說：「民族主義的基礎，是以仁愛為中心。」（《反共抗俄基本論》）「中國常保持『繼絕世，舉廢國』的大義，從沒有乘人之危以併吞其領土的政策。」（《中國之命運》）對於中華民族的精神與理想，說得最透切的，莫如　總統在《中國之命運》裏的一段話：

中華民族，立己則盡分而不渝，愛人則推己而不爭。義之所在，則當仁不讓，利之所在，則纖介無私。不畏強梁，不欺弱小。積五千年的治亂興亡，以成就我民族明廉知恥，忍辱負重的德性。惟其明廉，故能循分，惟其知恥，故能自強。循分故不凌侮異族。自強故不受異族的凌侮。惟其忍辱，故民族的力量是內蘊的而不是外著的。惟其負重，故民族的志氣是持久的而不是偶發的。由此種德性的推廣，故中華民族的各宗派及其國民皆能為大群犧牲小體，為他

人犧牲自我，而養成其自衛則堅忍，處世則和平，更進而
以「存亡繼絕，濟弱扶傾」的仁愛之心，行「己立立人，
己達達人」的忠恕之道。

這一段話，在　總統自己，實在是已經做到一百分之百了。所以
　總統乃是中華民族的標準人物。我們每一個國民也應該把這一
段話當作一面明鏡，看看自己是不是中華民族的肖子。

講到民權主義，雖然說是「以規撫歐美之學說事實者為多」，
但其根苗還是發生於我國固有的民本主義，而且其內容，也是中
正和平，不同西洋的偏重於權利思想。　總統的權義相對論，最
能代表我國中和之道。他說：「權利與義務，或權力與責任，實際
上都是一件事的兩方面，其關係是對等的。在民主生活中，個人
享有權利，同時亦負有伴隨而來的義務，個人行使權力，同時亦
負有伴隨而來之責任，而且權利有多少，義務便有多少，權力有
多大，責任便有多大。」（〈四十六年行憲十週年講詞〉）這個理論，
在我們中國人看來，乃是天理人情之結晶，古今不易之原則。但
在西洋的法律哲學中，還是最新穎，最進步的學理。

至於民生主義，更是我們民族中正和平精神的表現。民生主
義是反對階級鬥爭，而強調互助合作的，是「為人民的生活而支
配物質」，不是「為物質而役使人民」的（《中國之命運》）。

總統對於發展經濟，充裕民生，是主張盡量吸收西洋的科學
知識與技能的。他說：「今日的時代，是一個科學競爭的時代，我
們固然要研究我國固有的學術，使能刮垢磨光，繼承文化的遺產，
尤其要追求現代科學的新知，使能創造發明，適應建國的需要。」

（〈對青年救國團成立六週訓詞〉）同時我們要認清中華文化之所以能夠萬古常新，其主要因素，就在它是富於吸收力與適應性的。中華文化是一個不斷地吐故納新的有機體。因此，我們如能應時代的需要，吸收新的元素，這是復興中華文化的一個必要條件。

總統說：「中華民族對於外來的文化和學術，仍能盡量的吸收和接受，以求進益。惟其能夠如此融會各種的文化，所以他的文化愈能博大。惟其能夠如此吸收各種的學術，所以他的學術乃能日新。」（《中國之命運》）我們要知道，中華文化自始便是一個日新又新的文化。日新又新，乃是中華文化主要特質之一。所以復興中華文化，其真義就在㈠日新其固有之倫理道德，㈡恢復我們所固有的日新又新的創造力，以吸收並融會一切真的，善的，美的貢獻，而冶於一爐。孔子說：「三人行必有我師焉。擇其善者而從之，其不善者而改之。」這句話也可以適用於民族與民族間的關係之上。㈢我們應該用新的眼光，來研究古人的遺著，以收溫故知新之效。　國父曾說：「自人類有史以來，能紀四五千年之事，翔實無間斷者，亦惟有中國文字所獨有，則在學者正當寶貴此資料，思所以利用之。如能用古人而不為古人所惑，能役古人而不為古人所奴，則載籍皆似為我調查，而使古人為我書記，多多益善矣。」（《孫文學說》第三章）　總統也說：「我以為讀經泥古，自然不可，但是研經窮理，愛護我們民族高尚的文化，乃是每一個革命者所應有的職責。」（〈當前幾個重要問題的答案〉）　總統又說「要將書本上所講的道理與自己實際的經驗和閱歷互相印證」，如果僅僅有書本上的知識，而不能隨時拿實地的經驗和情況來互相印證，那末，這種學問也始終是空的不切實用的死東西。所以我們要求

真的知識，活的學問，一定要能多看書，而且要將書本上所講的理論，與自己的經驗閱歷，以及一切客觀的實際情形互相印證，比照研究，使理論與實際融會貫通，學問與經驗打成一片，這樣看書，才能得實在的學問。

大家都知道 國父與 總統，都是手不釋卷的。他們實在得到了讀書的三昧和學問的寶鑰。中國的青年，如能以 國父與總統為模範，則其學問一定能突飛猛進，前途無量。外國學人中，有預測二十一世紀將是中國文化擅揚的時代。我們但希望中國青年，及時努力，在 國父與 總統所已打定的基礎之上，從事於學術上的建設與創作，務使中華文化的光輝，普照全世，那末，我們大同世界的理想，必能早日實現。這樣才不負 國父與 總統的一番苦心！

總統哲學思想的蠡測

　　總裁的哲學思想是不容易澈底領會的，更難以文字來陳述。雖然他循循善誘，由淺入深，自近及遠，看起來句句都是十分平易的話，但是你如果繼續研究下去，一到了相當地步，便會發生仰之彌高，鑽之彌堅的感想。因為他的哲學是一個廣大無邊而且具有生機的體系。這個靈妙的哲學體系，和他的整個人格是不可分的。在這個體系中，即使最淺近的道理，也含有極深遠的意義。這個終局的意義，自然而然地反照著在生活過程中，所獲的一切心得，都化為明心見性，呈現出永恆的智慧。我最近把　總裁歷年來所發表的重要演講、專著、和書信從頭至尾溫習一遍，我深深覺得只有《中庸》裏的三句話足以形容這個哲學，那就是「尊德性而道問學，致廣大而盡精微，極高明而道中庸」。　總裁繼承著我國數千年的道統，承受了　國父的心傳，吸收了耶穌十字架的精神，及神的靈感，加以恆久不斷的好學和日新又新的身體力行。也就難怪他的言論，充滿了真知灼見，而自我形成一個世界上奇峰特起的哲學。其實他的言論，篇篇都是哲學，令人不知從何說起。現在且以上引《中庸》三句為提綱，依次論列，用證

總裁的哲學思想，與他的哲學生活，確實合乎中國「內聖外王」的道統理想。

㈠尊德性而道問學：如所週知，宋儒之中，朱晦庵是偏向於道問學，而陸象山則偏向於尊德性的。後來王陽明著重良知良能，顯然也傾向於尊德性一派的。陽明天分超人，富於靈感和直覺，雖然對於格物的工夫不免疏忽，其「知行合一」及「即知即行」的學說——用之於良知的充沛發展或實現——確乎有極深刻的見地。尤其對於精神生活的修養若不到知行合一及即知即行的地步，終不能達從心所欲不踰矩的境界。在表面看來，陽明「知行合一」的學說，和　國父的「知難行易」是有衝突的。可是　總裁憑其敏慧的分析天才，察覺了「知行合一」的「知」和「知難行易」的「知」是截然二事。

總裁說：「陽明所謂『知』偏重於人性的良知，即不待學而後能，不待教而後知，是與生俱來的天賦之知，例如愛國家、愛民族、愛同胞、愛同志，又如父慈子孝，兄愛弟敬，乃至惡惡臭，好好色，都是人類天然的『良知』。而　國父所謂知難行易之『知』乃是著重於科學上的知識之知，要有學、問、思、辨功夫才能得來。」❶經過這樣的一辨別，於是「知行合一」和「知難行易」乃變為並行不悖，相需而成的兩面了。在　總裁的哲學體系中，這兩個學說演成了包羅先天理性之知與後天經驗之知的一個活的綜合，其中脈絡分明，釐然不紊。人人都知道　總裁具有極偉大的綜合能力。可是我們要注意，他的綜合是由他的分析所得而成的。

---

❶　〈總理「知難行易」學說與陽明「知行合一」哲學之綜合研究〉，見《蔣總統言論彙編》卷十九，一六〇頁。（以下簡稱《彙編》）

這是中外思想史上罕有的現象。

㈡致廣大而盡精微：正因　總裁的思想能兼分析綜合兩者之長，所以他的哲學能符合「致廣大而盡精微」的標準。無論什麼問題，一經他的研究，就演出了一個廣大而精微的解答。例如，對於唯心與唯物的問題，他說：「據我研究的心得，認定精神離了物質，既無由表現；物質離了精神，亦不能致用；所以精神與物質，實為一體之二面，或者說一物之二象，相因而生，相需而成。」❷無論治學治事，他的思想總是規模遠大而綜理微密的。他說：「我們一定要深切覺悟，無論研究學問，辦理任何事情，一方面當然要注重『專精』與『分工』的原則；一方面尤其要注重『博通』與『合作』的原則。」❸這兩重原則是「相反相成而又兩相銜接的一種功夫。」❹他又說：「大概一個人為學的過程，總是先由博而約，然後由約而博。俗語說：『一通百通』的這句話實在最確當。因為天下一切事物，講到最後，只有一個大道理。」❺這是同禪宗「一真一切真」的見解，如出一轍。這簡直是盡精微而致廣大了。

總裁可稱一位「通人」。因為他的思想，是自由自在，四通八達，無拘與礙的。一個人到「通」的地步，則古今中外的一切學問皆為所用，而自己則不為所奴。陸象山說得好：「學苟知本，六經皆我註腳。」因為人同此心，心同此理；我們如能見得透這個道理，一定會覺得古人的話就是我們的話，我們的話也就是人人的話。

---

❷　《彙編》卷十二，一九〇頁。

❸　《彙編》同卷，一一一四頁。

❹　同❸。

❺　同❸。

總裁確已達到這個境界，所以他曾引莊子的話來表達自己的胸懷，「天地與我並生，萬物與我為一」。❻

㈢極高明而道中庸：　總裁哲學中最令人驚歎讚仰的就在他是一位庸言庸行，篤實踐履的人，而他的行的哲學的植根於形上哲學的。他身體力行，步步腳踏實地，而也是步步登天。這是什麼緣故呢？這是因為他身所體的是形上的道，而他行所本的不外乎仁愛。而且他是用非常的精神做正常的事業。事不在大，有神則靈。這是何等氣象！

「行的哲學」❼是　總裁思想的中心點，也是我國哲學思想史上的最高峰。從這篇演講，可以看出　總裁一切的言論是先行了而後才講的。因為他已經行過了，所以他見得洞澈無遺，而講說的時候也自然能有條有理，左右逢源。換言之，他先做得心到、眼到、手到、腳到，而後才能口到的。這樣才可說盡了己立立人，己達達人的責任與能事。他不但有仁心，而且還有仁術。孔子說「能近取譬，可謂仁之方也已」。這「近取譬」含有雙重意義：第一是以自己的切身經驗做借鏡而察覺人家的心理和需要；第二是用淺近的例子，來烘托深遠的微旨。這就是「仁之方」或「仁術」，也就是佛家所謂「方便」和聖保羅所謂「為一切人之一切」。同樣，總裁的仁術也來自那雙重的因素。他無時不在「推己及人」，也無處不在「深入淺出」。

「行的哲學」美不勝收，深不可測。在此，我只能把我的感想，貢獻讀者，以為拋磚引玉。

---

❻　《彙編》卷二十、二六四頁。

❼　《彙編》卷十四，五四至六八頁。

　　總裁將「行」的定義，用邏輯的方法劃分得清清楚楚。他先把「行」與「動」的區別，指點出來。簡單的說：「動」是機械性的，相當於英文所謂 "Motion"。而「行」是指「有目的、有軌道、有步調、有系統，而且有『反之於心而安』的自覺，它必然是正軌的、經常的，是周而復始、繼續不輟的。」❽ 他說：「行是經常的，動是臨時的；行是必然的，動是偶然的；行是自發的，動則多半是他發的；行是應乎天理，順乎人情的，動是激於外力偶然突發的。」「行」字相當於英文的 "Act"，"Action"，"Conduct"，"Behavior" 等名詞。更進一步，行是「實行良知」之行。於此，可見這個「行」是有形上的基礎，以天道與天命為出發點，以自然法則為軌範，而以發揚仁愛為目的的。在這個崇高的大前提之下，我們可以澈底領悟　總裁所說：「就本體言，『行』較之於『動』更自然，更平易，就其結果和價值來說，『動』有善有惡，而『行』則無不善。」❾ 一言以蔽之，「所謂行，只是天地間自然之理，是人生本然之天性，也就是我所說的『實行良知』」。❿

　　由此以觀，可見　總裁「行的哲學」，對於《中庸》的宗旨「天命之謂性，率性之謂道，修道之謂教」是見得真切，行得真切。所以能把它徹頭徹尾的演繹出來，且加以充實及發展，而蔚為大觀。這三句話，是一氣呵成的一個有機體，好像一株大樹。天命是這株樹的根本，通常是隱而不見的。性是它的苗頭——猶孟子之所謂四端或四始。道是它的中幹——等於孟子之所謂仁義禮智

---

❽　同卷，五九頁。

❾　同卷，五八頁。

❿　同❽。

四德。教是它的枝葉和花果——就是人類的事業與文化。「行的哲學」其著眼是在於「率性之謂道」，因為這的確是中堅的一段工夫。要從良知良能的四始發達到仁義禮智之道，這其間不知要費了多少心血，多少努力，以及師友的切磋琢磨，勸善規過，和自己的克制慎獨，勇猛精進的工夫，才始可以獲得相當的成效。這個歷程都屬於力行的範圍。要密切知道力行的種種辛苦與悅樂，那就非親身經歷不可。因此， 總裁發明了「不行不能知」。這是指著所謂「證極之知」而言的，也就是莊子所謂「有真人然後有真知」的意思。同時在行的本身，依 總裁的看法，實在也包括很多的知的成分。良知是不必說了，因為 總裁的所謂行就是實行良知。但是要實行良知——或可說充分發展和實現良知——我們也得處處運用學問和經驗之知。 總裁說：「所以我們在未行之始，必須確立計劃，規定順序，一切要有預備，要有估計。」❶換言之，理知是行的要素。這是「行的哲學」的特點，和西洋一般反理性主義所講的行的學說大不相同。既然理知為行的要素，可見 總裁所謂行不復是「知」「行」相對的「行」，乃是超越相對界的絕對之行了。這絕對之行，在上帝謂之誠 (act)，在宇宙謂之運行或天命之流行，在人謂之身體力行。

《中庸》說：「誠者天也，誠之者人也。」誠與行，名雖異而實則同。「行的哲學」妙在能用一個行字貫通天人及大自然。《易》曰：「天行健，君子以自強不息。」耶穌亦曾說過：「吾父健行，以至於今，予亦自強不息。」（〈約翰福音〉五章十七節）老子《道德經》說：「有物混成，先天地生，寂兮寥兮，獨立而不改，周行而

❶ 《彙編》卷十四，六五頁。

不殆，可以為天下母。」凡此皆指上帝或神的健行。孔子說：「天何言哉，四時行焉，百物生焉。」「天何言哉」是說神不必用口說的命令，而宇宙萬物，卻自然服從。這也是暗指天行。至於「四時行焉，百物生焉」，那是指宇宙之運行，也即是天命之流行。至於人的行，在「行的哲學」中，固然充滿了真知灼見，其實在總裁全部的言論中，沒有一篇不是行的哲學。他在哲學上最偉大的貢獻就是他把「行」同良知良能及自然法呵成一氣，使人人能發憤而為頂天立地的大丈夫。一切違反天理良心的動作，總屬「無行」；無行即無神，無神即無仁。最顯著的例子就是共匪，這樣的無行、無神、無仁是為天地所不容的。共匪只知暴亂，不知人行。飄風驟雨，決無長久之理。

　　總裁之於行，不論鉅細。但要順乎天理，應乎人情，都認為值得寶貴的。他說：「我們經常生活的寢息食作都可以包括於行的範圍以內。」❷他又說：「行的意義，是不分動靜的，整個的行程中間，工作是行，游息也是行，作事是行，修養也是行。」❸這豈不是極高明而道中庸？正因　總裁有這樣崇高的境界，所以他雖日理萬機，仍有「吾與點也」的氣象，神樂內湧，噴薄不息。因為他有內樂，所以能欣賞天然的風景。他對所屬軍官演講，屢次鼓勵他們於公餘之暇，要盡量的欣賞天然之美。我只須引證一段。他說：「明月固然是最好賞玩的天然風景，其他如高山、大川、幽谷、深澗、以及電影、波光、松濤、泉響、鳥語、蟲鳴一切的事物，莫不有天然的詩情畫意，堪以娛人耳目，暢悅心神。而且多

---

❷　同卷，五九頁。

❸　同卷，同頁。

多欣賞天然的景物，一定可以啟發幽邃的心智，開拓偉大胸襟，涵養高尚的德性，古人謂太史公文章之雄奇，即得力於遊覽名山大川；文字如此，軍事亦然。」❹又說：「到了秋天，到處都有蟋蟀的聲音，我們隨時都可以聽到；如果餘暇的時候，凝神靜聽，此心就可以靜下來，有一種悠然物外的意趣。」❺

讀者或許會問，這固是極優美的文章，可是和　總裁的哲學思想有什麼關係呢？我說關係大極了。　總裁是富於仁愛的人，已經達到了心物一體和天人合一的境界。正惟天人合一，故能內外一致。他的內景之美，早為　國父慧眼所發見。　國父曾形容　總裁的人格說：「如江河之自適，如山嶽之不移。」❻如果他的內景裏沒有高山流水，他的欣賞天然風景，決不能有如此深度。況且他是宗教信仰極深的人。在他的心目中，自然界簡直是造物主的藝苑，不但高山大川，即生物中細如蟋蟀，其音樂雖然有些單調，要不失其為天籟。　總裁到現在還是朝氣蓬勃，胸襟有活潑日新的生機。這是因為他從來沒有失其赤子之心。只有像　總裁這樣的人能夠寫得出〈行的哲學〉和〈解決共產主義思想與方法的根本問題〉❼這兩篇在哲學上登峰造極的文章。

這裏限於篇幅，不能論及第二篇，不過讀者欲觀行的哲學的全景，必須把這兩篇大文章互相參照。這樣，才能領悟　總裁的思想是「徹上徹下，只是一貫」的。在此，我只須舉出一點，提

---

❹　《彙編》卷十三，四八頁。

❺　同卷，同頁。

❻　見〈總理祭蔣母王太夫人文〉。

❼　《彙編》卷二十，二三七至二七八頁。

醒讀者的注意：就是對於「神」的觀念，　總裁的哲學實較陽明學說為高明。陽明的學說是偏於內在方面的，而　總裁的哲學，實兼內在與超然兩者之勝。這是一個極重要的分別，可惜在本文中不能加以充分的發揮。

　　末了，容我添幾句話來結束本文。這篇文字是為恭祝　總裁八秩華誕而作的，我們看到　總裁至今還是「愈行愈健，彌勞彌堅」，實為我中華民國和全世界人類慶幸。願公正而仁慈的上帝長久保佑我們民族的救星與世界和平及大同之先覺者！

◎ 韓非子通論　姚蒸民／著

　　本書以新觀念探討韓子學說並使之系統化，冀能為治韓學者另闢天地，並為先秦法家之學辨証。故用歷史眼光，以比較論證之方法，將韓子義理一一爬梳。舉凡韓子之生平、哲學、勢法術各論、政治學說之實用，及後世之批評等，皆以專章分論之。有關韓學通論之著作，以本書內容最為完整。

◎ 中國死亡智慧　鄭曉江／著

　　人生問題如永恆的「斯芬克斯」之謎。所謂人生，不僅包括「生」，亦涵攝「死」。如果說，「生」的問題已難以清楚，那麼，「死」的問題就更是一個千古難釋之謎。本書試圖發掘中國古代的幾種主要的死亡智慧，貢獻給忙碌的現代人，以期增益人們對死亡的理解和心理調適能力，使人們在生與死的問題上趨於基本的平衡。

◎ 中國百位哲學家　黎建球／著

　　以往讀哲學史最大的困難，就是不知如何能從卷帙浩繁的大部頭著作中，很快的掌握該時代、該學派或哲學家的中心思想。本書即針補時弊，從哲學家的觀點來介紹每一位哲學家的生平、著作與學說，以便讀者循序而進窺堂奧。深盼本書的出版，能幫助哲學教育的廣泛推展。

◎ 魏晉清談　唐翼明／著

　　這是中外獨立而全面地研究魏晉清談的第一本專著，它因而填補了中國學術思想史上的一項空白。作者以犀利獨到的眼光，分肌擘理、刮垢磨光，為我們重新展示了魏晉清談之內容形成與演變的輪廓。全書材料豐富，條理分明，分析深入、文字雅潔，凡研究魏晉學術、思想與文化、文學者皆不可不讀。

◎ 恕道與大同　張起鈞／著

　　本書收集十一篇文字，分成三部：第一部論傳統，第二部說自我，第三部講現代。這十一篇學術性文字，具有三大特色：一是散文家的生動筆調，二是哲人的生命歷練，三是儒者的現代關懷。本書跳開學究論文的死窠臼，而走出一條積極入世的活路來。

◎ 中國人性論　臺大哲學系／主編

　　「人性」是中國哲學的主要課題。「人性論」不僅是一種哲學思想，甚且是中國哲學的核心思想。中國哲學中天道性命等重要觀念，皆以「人性論」之論證為主要思想內容或證成之者。本書的文章可謂是中國哲學界有關「人性論」研究的代表作，也是哲學思想的精華，理應獲得社會的肯定和迴響。

◎ 用什麼眼看人生　王邦雄／著

　　本書乃作者近年的哲理散文結集，分為經典活用、生命傳承、人間萬象、異國心旅等四輯。經典義理要活用於今天，人文生命總要在傳承中永續，人間萬象藏有人文關懷，而異國心旅中激盪的仍是鄉土情思。試圖在傳統經典的現代詮釋，給出消解生命苦難的哲理藥方。

◎ 逍遙的莊子　吳　怡／著

　　人，不是平面的，也不應該是平面的。但或因襲於傳統認同，或為確立各家涇渭分明的特色，我們往往會忽略「個人」的完整，甚至殘忍且武斷地用刀斧將「個人」切割為平整的形貌，以便塞入我們建構出的框架中。本書拾起了削去的部分，以簡鍊的字句俐落地將莊子散落的肢幹縫合。以獨特的視角重新詮釋，使扁平的莊子有了基本的圓形樣貌。

◎ 中國哲學史　周世輔／著　周玉山／修訂

　　本書四十餘萬言，分論中國古代、中古、近代、現代的哲學思想，另有序論及總結論，綱舉目張，言必有據，立論公允，而皆本原典。本書探究中國哲學的起源與演進，並與西洋哲學對照比較，期見中國哲學之未來趨勢，以促中華文化之復興。